保育現場の
リスクマネジメント

監修 社会福祉法人
　　 日本保育協会
著　 田中浩二

Risk

中央法規

監修のことば

　核家族の進展、地域のつながりの希薄化、共働き家庭の増加、兄弟姉妹の数の減少など、子育て家庭や子どもの育ちを巡る環境が大きく変化したことを背景に、平成27年4月に「子ども・子育て支援新制度」が施行され、新しい保育の時代が始まっています。

　こうした中、新たに保育の現場に立つこととなった皆様に対する保育現場からの期待は大きなものがあります。一方で、これから現場に立たれる保育者の皆様は、様々な不安や戸惑いを感じることもあるのではないかと推察いたします。

　当書は、保育現場に立たれて間もない新任の保育者や、キャリアにブランクのある保育者のために、日常の保育に求められる実践力や専門性の基礎をわかりやすく解説した実務書シリーズとして企画されました。「0歳児から2歳児の指導計画」「3歳児から5歳児の指導計画」「活動記録など保育の記録の書き方」「けがや事故予防の視点と実際」「よい保育・やってはいけない保育からの実践方法」をテーマとしたシリーズとして発刊することとなりました。

　皆様が当書を活用し、今後更に求められる保育の実践力や専門性を培われ、ますますご活躍されることを心より期待しています。

社会福祉法人　日本保育協会

はじめに

　園では子どもたちが毎日元気に登園し、春には草花を摘み、夏は水遊びやセミ捕り、秋は落ち葉や木の実を拾い、冬は冷たい空気を感じながら雪遊びと、四季折々の活動や行事を楽しんでいます。園での生活を楽しんでいる子どもたちの姿を見ていると、この穏やかな時間がずっと続いていくような錯覚さえ覚えます。

　しかしながら、現実にはそうはいきません。子どもが園庭で転んで膝を擦りむいたり、おもちゃの取り合いで友だちに噛みつかれたりすることは日常の保育の中で起こりうることですが、その延長線上には通院や入院を要する大きなけが、最悪の場合には死亡事故にいたることもあります。

　園で重大な事故が起きてしまうと、子どもやその保護者ばかりでなく、園にとっても保育者にとっても大きな衝撃を受けることになります。そこでの責任の有無もありますが、何よりもあなたの目の前で大きな事故が起き、その場面にあなた自身が居合わせたとしたら、その出来事の大きさに耐えられず、保育の仕事を続けることができなくなってしまうかもしれません。あなた自身のことも含めて、そうならないようにしていくために、「事故が起きない」「事故を起こさない」ために何ができるか、しっかりと向き合ってほしいと思っています。

　子どもが日々安全に過ごせるようにすることはとても大変なことです。多くの知識や技術、経験が必要で、誰もができることではありません。その意味では、保育者は子どもの命を守るかけがえのない仕事であり、それが大きなやりがいの一つでもあります。

　子どもたちが毎朝元気に登園して楽しい時間を過ごす。そして夕方、翌日また園に来ることを期待しながら帰っていく。そんな当たり前の光景をくり返すために勉強し、努力を積み重ねることには大きな価値があります。本書が子どもの安全を守る保育者の専門性をみがく一助になることを願っています。

　また、本書は多くの方々の協力により出版することができました。写真の撮影にご協力いただいた愛児園湯田保育所、弥生保育園、のあ保育園の園長先生や職員の先生方、川島快友先生ならびに子どもたち、保護者の方々には厚く御礼申し上げます。

　そして、出版の機会を与えていただき、企画の段階からご尽力いただいた中央法規出版第一編集部の平林敦史氏に深謝いたします。

田中浩二

写真で学ぶ！ 保育現場のリスクマネジメント
CONTENTS

監修のことば …… 3
はじめに …… 4
本書の特長と使い方 …… 8

第1章　リスクマネジメントって何？

保育とリスクの関係 …… 10
リスクって何だろう？ …… 14
リスクと向き合おう …… 18
園のリスクマネジメント …… 21
リスクマネジメントのポイント …… 23
ワーク …… 26
リスクの予防 …… 28
保育者の役割 …… 45

第2章　場面別　リスクの予防と対策

開園準備 …… 48
登園 …… 50
園児の受け入れ …… 52
保育環境の準備 …… 54
異年齢保育 …… 56
ワーク …… 59
全体保育 …… 60
職員間の申し送り …… 62
屋外から室内への移動 …… 64

園内での移動 …… 66
　　ワーク …… 69
　　活動の種類による対応❶　室内での設定保育（製作活動）…… 70
　　活動の種類による対応❷　室内での設定保育（遊び）…… 72
　　活動の種類による対応❸　設定保育（園庭での活動）…… 74
　　散歩・移動 …… 78
　　公園 …… 82
　　トイレ・手洗い場 …… 86
　　昼食 …… 90
　　歯みがき …… 94
　　午睡 …… 96
　　ワーク …… 99
　　おやつの時間 …… 100
　　降園 …… 102
　　異年齢保育・延長保育 …… 104
　　閉園作業 …… 106

第3章　災害へのリスクマネジメント

　　災害と園 …… 110
　　日常の災害対策 …… 112

第4章　保護者とともに確保する子どもの安全

　　保護者の役割とは？ …… 122
　　園の取り組みを家庭・地域に発信する …… 125

Read me

本書の特長と使い方

特長
- 本書では、日常の保育場面で子どもに危険がおよぶ可能性のある物的・人的要因を挙げ、そのリスクを削減する方法を提案しています。
- 第1章では保育におけるリスクと保育者の役割を考え、第2章以降、具体的な保育場面でどのように動けばよいのかを紹介しています。

使い方

写真の中で、リスクマネジメントという視点から気をつけるべき点はどこでしょうか？

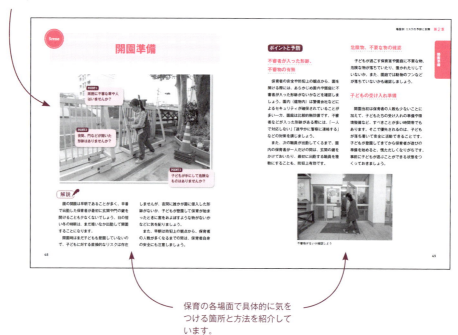

保育の各場面で具体的に気をつける箇所と方法を紹介しています。

> 第1章

リスクマネジメントって何？

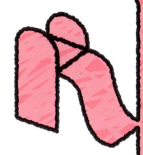

子どもはリスクに対応しながら成長していきます。そのため、園ではリスクを取り除くことだけに力を注ぐのではなく、リスクとどのように折り合いをつけて子どもを育てるのかが求められています。

保育とリスクの関係

「科学的」な保育って何だろう？

　子どもの生命を守ることが保育の重要な要素であることに異論はないでしょう。そうなると、子どもの命を守るための安全管理（安全である状態を維持すること）や危機管理（および可能性のある危険に対して備えること）も保育の重要な要素です。そして、保育が科学であるように、安全管理や危機管理も科学です。もちろん、保育者の貴重な経験や豊かな感性も大切ですが、個々人の経験や感性は共有されません。頭のなかで考えていること、思っていることは人には伝わらないからです。

　では、それを伝えるためにはどのようすればよいのでしょうか。答えは、「科学的」であるようにすることです。「科学的」とはどういうことでしょうか。辞書などでは、実証的であること、論理的であること、とあります。

　つまり、客観的な事実として説明でき、論理的に表現できることといえるでしょう。考えたこと、感じたことを個人の頭のなかに留めておくのではなく、できるだけ多くの人で共有できるように、多くの人が理解できるように、また納得できるように表現、説明し、伝達するための工夫を凝らすことなのです。

　伝える側や表現する側が、主観と客観を区別しながら思考・表現することを基礎としながら100人の人に伝えたとき、同じ内容として100人が理解・納得できるよう、また共有できるように工夫することが「科学的」

であることの第一歩です。そのためには、文字として残すこと、根拠を示すために数字を使って客観的に表現することなどが方法の一つとなるでしょう。

　もちろん、科学的であることを意識しながら、個々の保育者の感性や積み重ねた経験が園内で共有され、蓄積されることは、保育の質の向上にとって、また安全管理や危機管理においても非常に有効です。

園は安全な場所だけど……

　それでは、「園は安全な場所でしょうか？」。この問いに対しては、さまざまな視点から答えを考える必要があり、ひと言で「安全である」「安全でない」ということはできません。というのも、ニュースなどでも報じられるように、園では1年間に数件の死亡事故が起きていますし、骨折等を伴う負傷事故にいたっては毎年数百件単位で発生しています。この数字だけを見て、多い少ないと議論することには意味がありません。

　また、子どもが生活する場所は保育園だけでなく、家庭はもちろん、認定こども園、幼稚園などさまざまで、保育園で生活している子どもも、1日中24時間園にいるわけではありません。したがって、「安全かどうか」を考えるときには、生活場所や時間なども考慮して考える必要があります。

　それではいくつかの観点から、「園が安全かどうか」を考えてみましょう。たとえば、100人あたり何件発生するか、あるいは、時間あたり何件発生するかといった発生率では、家庭で生活した場合と、園で生活した場合を比較した研究がいくつかあります。比較が行えるように、人数や時間を調整した結果、多くの研究では、園のほうが発生率は低いという傾向を示しています。つまり、同じ時間を過ごしたときには、家庭より園のほうが安全といえるのです。

　この背景にはいくつかの理由が考えられますが、1つ目として園と家庭では生活の場としての作り方の前提が違います。0歳から就学前までの子

どもが生活をする園では、多くの場合、年齢ごとの保育室が整備されています。それらの保育室では、机やいすなどの家具はもちろん、おもちゃの種類や素材、場合によってはトイレの便器や手洗い場の高さにいたるまで、年齢や成長の状況に合わせて作られています。これは園が、子どもたちが生活することを目的に作られ、園内での生活の中心が子どもたちであるからです。

　対して、親や兄弟などがともに生活する家庭では、子どもの年齢や成長に合わせて生活環境をその都度変えるのは、空間的にも経済的にも難しいのが現状でしょう。

　2つ目は、子どもの周囲にいる大人の意識の違いがあります。具体的には、園では保育者、家庭では保護者であり、多くの場合は親になります。保育者は子どもを保育することを目的にしているため、基本的には子どもに向き合い、子どもの様子を観察し、子どもから目を離すこともありません。

　一方、家庭では、子どもを養育すると同時に、掃除や洗濯、食事の準備といった家事行為が多く存在します。そのため、例えば掃除をしながら子どもの様子を見たり、食事の支度をしている後ろで子どもが遊んでいる場面があり、保護者が子どもから目を離している状況が起こります。

　つまり、空間や環境、さらには人的にも、園は子どものために、子どもが生活することに特化して作られた「子どものための世界」であるため、子どもにとって過ごしやすく、基本的には安全も確保されている生活場所といえます。そして、このような安全な環境を作っているのは園や保育者の努力の結果であり、誇りある営みです。

　事故の発生率からみた場合、園は家庭に比べて安全であることは統計的にも読みとれ、安全である理由は園という背景からも推測できます。しかしながら、数が少なければ安全といえるかというと、必ずしもそうではありません。

　内閣府（平成26年以前は厚生労働省）では、「教育・保育施設等における事

故報告集計」として、保育園で起きている事故の報告を公表しています。その報告では、認可または認可外の保育園で毎年のように10件から20件程度の死亡事故が発生していることが明らかになっています。園が家庭に比べて安全な場所といっても、まったく死亡事故が起きていないということではないのです。

　たとえ1件でも、死亡事故が起きているという事実に変わりはなく、その1件で子どもの尊い命が失われ、子どもの家族はもちろん、園や保育者にとってもその後の人生を大きく左右することになるのです。

　このような観点からいえば、園は十分に安全であるとはいい切れず、死亡事故や障害が残るような事故が0件になって初めて、安全な場所だといえるでしょう。そして、子どもにとっての安全な場所にしていくための努力を絶え間なく続けることが、園や保育者に課せられた役割であり、使命なのです。

リスクって何だろう？

リスク＝悪い結果になる可能性

　園での事故を減らすために安全管理や危機管理といった取り組みを展開していくなかで、「リスク」という用語がたびたび登場します。それは、この「リスク」が事故と密接な関係にあるためですが、ここではまず「リスク」という用語について理解しましょう。

　「リスク」という言葉は、私たちの日常生活のなかでも頻繁に使われています。「リスク」は「危険」と訳されることが多いですが、正確には、ある行動や行為によって生じる「危険に遭遇する可能性」「危険によって被害や損害などがもたらされる可能性」、もう少しわかりやすく表現すると「悪い結果になる可能性」を意味します。すなわち、単に「リスク」＝「危険」ではないのです。

　ここでのキーワードは「可能性」ということです。リスクは危険に遭遇する可能性、悪い結果になる可能性ですから、ある行動をとったとしても、危険に遭遇する（悪い結果になる）場合もあれば、危険に遭遇しない（悪い結果にならない）場合もあります。同時に、可能性ですから、そこには大小があります。危険に遭遇する可能性の高い行動（リスクの高い行動）もあれば、危険に遭遇する可能性の低い行動（リスクの低い行動）もあります。

　危険に遭遇する可能性が低いにこしたことはありませんが、どんなに低

いリスクであったとしても、危険に遭遇する可能性はゼロではありませんし、重大な結果にいたらない保証はどこにもありません。可能性がゼロではないかぎり、常に起こる可能性、重大な結果になる可能性があるということです。反対に、リスクの高い行動をとれば、危険に遭遇する可能性やその危険によって重大な被害や損害がもたらされる可能性も高くなりますが、それでも必ず起きるとは限りません。

あくまでもリスクは可能性、つまり確率的事象なので、リスクの低い行動だから何も起きない、もしくは必ず被害が小さいということはありえません。まれにですが、低いリスクであっても重大な結果をもたらすこともあるのです。

「まさか」が起こらない備えを

リスクの大小と結果の可能性の関係について、整理しておきましょう。

図1-1の左は、リスクの低い行動です。たとえば、「運動場で走っている」としましょう。走れば転倒するリスクはありますが、運動場はある程度整備されている状態であり、特に危険と思えるような物なども落ちてい

図1-1　リスクの程度による発生数と結果の関係

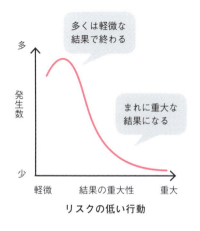
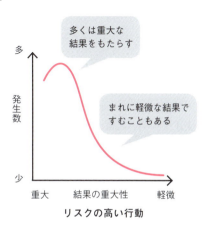

ません。つまり、リスクが低いと考えられる状況です。

そこで、実際に転倒したとします。多くの場合は、身体的な外傷がないか、あっても膝や手のひら、額をすりむくなどの軽微な外傷で済みます。しかし、ごくまれに骨折や脱臼、大きなすり傷など、医療機関での受診が必要な外傷にいたることもあります。私たちはこのとき、「まさか」あるいは「運が悪かった」と感じるのです。しかし、あくまで確率的事象なので、ごく小さな確率ではありますが、「まさか」が起きる可能性はゼロではありません。

逆に図の右は、そもそものリスクが非常に高い状態です。例えば、「ビルの10階にある、柵が低いベランダで遊ぶ」状況です。10階のビルの柵が低いベランダで遊んでいれば必ず転落するわけではありませんが、万が一ビルの10階から転落すれば、多くの場合は死亡するか生命に危機的な事態にいたることは想像できるでしょう。実際に、高層マンションの階段の踊り場で遊んでいて転落したといったことがニュースで報じられることもあります。そして多くの場合、転落して死亡したと報じられます。

しかし、ごくまれに「ビルの10階から転落したが軽傷だった」といったニュースもあります。そもそものリスクが大きい行動や状況では、多くの場合で悪い結果にいたりますが、悪い結果にいたらない可能性もゼロではないのです。そして、人はそれを「奇跡」と表現します。確かに、多くの場合で死亡あるいは重大な外傷にいたるようなリスクの高い行動や状況において、その結果が軽くすむことは奇跡といえるでしょう。飛行機が墜落したが生存していた、雪山で遭難したが1週間後に生存して帰還したなど、奇跡的ともいえる結果は存在するのです。

リスクの低い行動や状況での「まさか」や「運が悪かった」の結果と、リスクの高い行動や状況下での「奇跡」も同じ確率的事象であり、両方ともその確率がゼロではない限り起きる可能性は常にあるとともに、発生する確率が同じであれば両方とも等しく発生するのです。人間は自分に都合のよいことを考える傾向にあるため、「奇跡」を期待し、「まさか」は起き

ないと思ってしまいます。

　宝くじのように、ごく小さい確率でしか当選しないとわかっていても「奇跡的」に当選することを期待しますし、道路を歩いていても「まさか」自分が事故に遭遇するとはあまり考えません。「まさか」ばかりを考えながら生活することはとても息苦しいため、個人の生活のなかではそれでよいのかもしれません。

　しかし、保育ではそうはいきません。特に、「まさか」を常に想定しながら子どもに向き合い、「まさか」が起きないようにあらかじめ備えておく必要があるのです。少なくとも、「奇跡的」でも「まさか」でも、それを運・不運に委ねるべきではありません。

リスクと向き合おう
―リスクマネジメント―

リスクを「やりくり」する

　危険に遭遇する可能性が非常に高い行動、あるいは重大な被害にいたることが想定される行動や行為（いわゆるリスクの高い行動）は、避けることが懸命ですし、私たちの生活のなかから取り除くようにしなければならないでしょう。しかし、実際の生活では、より大きな利益を得るために、ある程度のリスクをとりながら行動することがあります。

　車を使うことを例に挙げましょう。車を使うことで、歩いて移動することに比べて目的地に早く着くことができますし、肉体的な負担を減らすこともできます。これは車を使うことによる大きな利益です。一方で、車を使うことによって事故を起こす可能性もあり、自分自身がけがをしたり、他人に被害を及ぼしたり、あるいはその被害を保証しなければならないといったリスクを伴います。もちろんですが、リスクは可能性なので、車を使えば必ず事故が起こるわけではありません。車を使うことによる利益とリスクの関係があるなかで、車はもはや私たちの生活にとって欠かすことのできない移動手段となっているので、そのリスクを承知の上で使い続けているのです。さらに、そのリスクに対しても、車を改良したり、社会的なルールをつくったり、個人でもさまざまな工夫をして、リスクによって生じる被害を最小限に食い止めようとしているのです。

　このような例は、電車や船、飛行機などの移動手段や、医療や薬、食品

に含まれる食品添加物、経済活動など、私たちの日常生活のなかに数多く存在しています。そして、意識的もしくは無意識に、利益とリスクのバランスを保ちながら生活しているのです。

　これは保育の現場でも同じです。子どもが集団で生活し、さまざまな活動をする以上、多くの場合においてリスクがつきまとい、そのリスクをゼロにすることはほぼ不可能です。唯一、リスクを最小限にする究極の方法があるとすれば、それは「何もしない」ことです。朝、子どもが登園してきたら、一日中何もせず、じっとしたまま動かずに過ごし、夕方に迎えが来たら降園する。きっとリスクは最小限でしょう。それでも、子どもが日中を園で過ごすだけでもリスクはあります。極論ですが、本当に園でのリスクをゼロにするのであれば、「保育しない」ことしかないのです。

　しかし、それでは園として成立しませんし、園で過ごす以上、その営みのなかで子どもたちにさまざまな経験をしてほしい、多くの遊びや活動を提供して成長を支えたいと思うのが保育者です。ただし、子どもたちに多くの遊びを提供したい、子どもたちにさまざまな経験をさせたいと考えるのであれば、それらの遊びや活動の裏側に潜むリスクにもしっかりと目を向け、備えておくことが大切です。つまり、リスクに向き合い、リスクを上手に「やりくり」することが求められるのです。

　このリスクと向き合って「やりくり」することを「リスクマネジメント」といいます。リスクをゼロにすることは不可能だから何もしない、やっても無駄と考えるのは間違いです。子どもにとって楽しいことや役立つこと、成長発達の支えになることを考え実践することは、とても大切な保育の要素です。

　同じように、リスクを最小にする手立てを考え、もし何か起きても被害や損害を減らす努力をするのも、保育の重要な役割です。
「万全の備え」という言葉が示すとおり、死亡事故や障害が残るような大きな事故など保育のなかで絶対に起きてほしくない出来事があるときには、あらゆる事態を考え、想定し、状況がどのように転んでも対応できる策を

準備しておくことが大事なのです。それを怠って、「運まかせ」にしたり、「仕方がなかった」として済ませることはできません。「○○しておけばよかった」と後悔するのは何かが起きてからですが、時間を巻き戻すことはできませんし、失われた命が戻ってくることもありません。子どもの成長や発達のために「一日中何もしないで過ごす」という「枠」を外すのであれば、外した「枠」を補う備えをする必要があります。保育のなかで、特に子どもの生命にかかわる部分でリスクマネジメントができないのであれば、一日中何もしないでじっとしたまま過ごすほうが子どもにとっては幸せです。

園のリスクマネジメント

どんなリスクを扱う？

　園のリスクマネジメントを進めていこうとするとき、何からどのように手をつけたらよいのかわからないこともあるでしょう。これには、いくつかの理由が考えられます。一つは、何がリスクであるかに気づいていないことです。実際には、子どもたちが生活をしているなかには数多くのリスクが存在し、ふとした瞬間にそのリスクが牙を剥きます。そこでまず、リスクに対する感度を敏感にし、場所や物、子どもの行動や活動などに対するリスクを知ることから始まります。

　もう一つの要因は、あらゆることにリスクを感じすぎて、何から手をつけたらよいのかわからなくなっているためです。これについては、リスクによって起きうる出来事の重大性や過去の事例などを参考に、優先順位をつけながら取り組み、一つひとつ対応していくことになります。同時に、リスクマネジメントには複数でかかわる必要があるので、園として取り組むべき課題を複数の職員で相談し、リスクを明確にしながら取り組んでいくことも大切です。

リスクマネジメントは「気づき」から

　子どもの成長に合った机やいすといった生活用具やおもちゃなど、園が

子どもにとって安全な環境を整えていくことが重要であるとともに、園としても求められるところです。しかし、子どもにとって明らかに危険な状況をつくることや、明らかに害をおよぼす物があることは論外として、完全に安全な状態にすることは、物理的にも経済的にも非常に困難です。

　それを補うのが、保育者個人の気づきや行動です。さまざまな物や活動、子どもたちが集団で活動すること自体にリスクがあることを理解したうえで、子どもを保育することが必要です。保育者の仕事は、尖っている机の角を丸めることではなく、机の角が尖っていることを知ったうえで、どのようにしたらそのなかで子どもが安全に生活し、活動することができるかを考えることです。

　つまり、このリスクに「気づく」ことに始まり、そのリスクに対応していきながら保育を展開していくことが、保育者として求められるリスクマネジメントの姿勢といえます。

リスクマネジメントの
ポイント

小さな変化に気づこう

　それでは、園でリスクマネジメントに取り組むときの大切な視点には、どのような要素があるでしょうか。

　まず、「気づき」の視点をもつことがとても大切です。子どもに事故やけがをおよぼしそうな物や状況、事故につながりそうな子どもの行動、状態などに気づかなければ何も始まりません。「気づき」があって初めて対策を立てることができるのです。

　それでは、どのようにすれば「気づき」の力をみがくことができるのでしょうか。一つの方法としては、日頃の生活のなかで、目の前にあることをただ漠然と見るのではなく、いろいろな物事を意識しながら見る習慣をつけることです。普段、当たり前のように上り下りをしている階段は何段でどのような素材でできているのか、目の前にいる子どもはその階段でどのような様子でどのような行動をとりえるかなど、いろいろなことを見ようと意識することが重要です。

　もう一つは、基準を設けて比べることです。客観的な基準があるにこしたことはありませんが、個人の気づきのための基準であれば、主観的であってもかまいません。大切なのは、毎日、毎週、毎月、何が違うのかを意識して比べようとしながら見ることです。

　健康診断などはわかりやすい例といえるでしょう。健康診断では、何ら

かの身体の変調を見つけるためにさまざまな基準を設け、前月や前年の結果と比べることで、病気の予防や早期発見に役立てています。保育でも、子どもたちの日頃の様子や生活環境のなかで小さな変化に気づくことが、大きな事故や問題を未然に防ぐことにつながるのです。

「もしかしたら」を想定する力を養おう

　リスクマネジメントにあたって次にすべきことは、リスクを認知することです。保育のなかではさまざまな活動や道具を使うことがあります。この場合、「この活動をすると子どもの成長にとって○○につながる」「この道具を使うことで、○○の利益がある」と考えているはずです。それは保育にとって重要なことですが、同時に「この遊具を使うと、もしかすると○○が起きるかもしれない」「この活動では、もしかしたら○○な事故につながるかもしれない」と考えることも大切です。この「もしかしたら」をできるだけ多く想定することが、予防の第一歩といえます。

　そこで、リスクを認知する力、つまり「もしかしたら」を多く想定する力を養うにはどのようにすればよいのかを考えてみましょう。

　「もしかしたら」を強く意識し、その意識にもとづいて行動するためには、「体験」することが効果的です。自分自身で経験し、その経験の衝撃が大きいほど「もしかしたら」をより強く意識することでしょう。この意味でも、経験年数の浅い保育者よりも、多くのことを経験している保育者のほうがたくさんの「もしかしたら」を想定することができる傾向にあるといえます。

　しかし、保育者が保育中の事故を経験するということは、その背景に事故に遭遇した子どもがいることを意味します。子どもにとっても保育者にとっても、事故は起きてほしくない出来事ですから、起きること自体が好ましいことではありません。

　それでは、経験しないで「もしかしたら」を想定できるようにすればよ

いのでしょうか。それは、想像することです。ただし、何もないところからは想像することができませんので、想像力を膨らませるための源が必要です。ニュースなどで知ることができるほかの場所で起きた出来事や過去の出来事、他者の経験などです。自分の周囲以外で起きた出来事を自分自身に当てはめ、自分自身にも起こりうる出来事として認識することです。これによって、自分自身で経験するよりも何倍もの認知する力、「もしかしたら」を想定する力を養うことができるのです。

共通認識をもつためにできること

　一方で、認知される内容や「もしかしたら」の中身はとても主観的であり、個別的です。これは、人によって感じ方が違うということであり、一つの物や状況に対して、人によって「危ない」と思ったり、「危なくない」と感じたりすることになります。人それぞれ感じ方が違うことは、良い面も悪い面もあります。特に保育においては、「もしかしたら」の中身が違うのは、保育者間で連携するときの支障にもなります。

　保育者間での認知の違いを解消すると同時に、個人の認知する力を高めるための方法として、複数人で一つの場面や物を見ながら、それぞれが感じたことや意見を出し合う方法があります。これは、認知の内容が主観的、個別的である特性を活用する方法でもあります。

　リスクマネジメントに限らず、保育は良くも悪くも保育者一人ひとりの人間性や経験、その背景にある生育歴が大きく影響する仕事です。その意味では、他者の仕事を見たり、人の考えを聞いたりすることは、保育者としての成長に欠かせない取り組みです。個人では限りある気づきの幅を広げるためには、できるだけ多くの人で、またいろいろな経験や発想や想像力がある人が含まれているほうが、より新しい発見や気づきにつながります。

ワーク　リスクの「気づき」を高める

1. 遊具・物

写真は滑り台です。この滑り台の写真を見て、次のことを考えてみましょう。

①この滑り台を使って子どもがどのような行動をとるでしょう？

- 階段を下から上って、上で滑り台の下を確認してお尻で滑る
- 滑るほうから上る
- 階段を上から下りる
- 2人が連なって滑る
- 真ん中の支柱を登る　　など

②子どもが①の行動をしたとき、どのように対応しますか？

2. 日常の風景

写真は、園庭で遊ぶ子どもたちの様子です。

①それぞれ子どもたちはどのようなことをするでしょう？

②子どもが①の行動をしたとき、どのように対応しますか？

③まわりの状況を考えて、自分がどこにいて、何をしたらよいと思いますか？

リスクの予防

事故にかかわる要因はいろいろ

　保育中に何らかの事故が発生したとき、その背景にはいくつかの特徴や要因が考えられます。たとえば、「曜日」や「時間」「天気」は、子どもの様子や保育の内容を変化させる要因であるため、特に外傷事故の傾向を左右する背景といえます。また、事故には何らかの人的要因、物的要因がかかわります。人的要因、あるいは物的要因が単独で関係している場合もあれば、複合的に関係している場合もあります。加えて、子どもや保育者の行動や物の状態を形づくる「仕組み」が背景にあります。

　このように、事故にかかわる要因はさまざまですが、「時間」や「曜日」「天気」などは人為的に操作することはできません。しかし、操作はできないものの「時間」や「曜日」などを背景とした事故の傾向を知ることで保育の方法を変化させ、予防につなげることができます。

　ここではリスクへの予防として、「人」「物」「仕組み」の3つの側面から考えていきます。

① 「人」から考える

専門職としての役割の理解

　まずは「人」について考えてみます。保育で「人」といった場合、大人と子どもが想定され、さらに大人には、直接的に子どもに向き合う保育者はもちろん、園長や副園長、主任保育者などのように、園全体の方針などを決定できる役割を担う人、看護師や調理師、栄養士など保育以外の専門職もいます。区別しながら見ていきます。

保育者

　保育者としてできることの一つは、子どもの発達と事故の関連を知ることです。歩くことのできない赤ちゃんが自分で滑り台に上ることはできないので、滑り台からの転落を考えるのではなく、それよりも誤飲を防ぐために小さいものを赤ちゃんの手の届く範囲に置かないことや、睡眠中の窒息を予防するためにマットや布団などの寝具を適切に整え、継続的に状態を観察することに労力をかけることが重要です。

　表1-1（p.30）に示したように、事故は子どもの月齢や年齢と密接な関係があるため、子どもの発達を専門とする保育者は、その発達段階に応じた配慮を熟知することが求められます。子どもの発達を知っているからこそ、子どもの行動を予測することができるようになります。

　これは、子ども個人の個性においても同様です。日常的にかかわっている保育者だからこそ、一人ひとりの特性に応じた予防のための配慮をすることができるのです。これは保育者の重要な専門性の一つといえます。その専門性を高めることに努めていきましょう。

表1-1 発達に応じた代表的な事故

年齢（月齢）	運動機能の目安	転落	打撲	誤飲・窒息	溺水	その他
1か月	触れたものを握る	抱っこ・おんぶからの転落		柔らかい布団・枕による窒息	入浴時・沐浴時の事故	
2か月						
3か月	首がすわる			周辺にあるヒモなどが絡まる窒息		
4か月						
5か月	支えなしですわる／口の中に物を入れる	ベッドからの転落		ボタンなど小さい物の誤飲		
6か月	寝返りをうつ					自転車のチャイルドシートからの転落
7か月	すわる					
8か月	ハイハイをする				浴槽などに転落	
9か月	つかまり立ち		転倒による打撲			
10か月	つたい歩き		家具等での打撲			
11か月						
1歳	ひとりで歩く				プール遊び・水遊びによる事故	飛び出しなどによる交通事故
1歳6か月	走る	窓からの転落	物や友だちとの衝突	ナッツ類による誤嚥・窒息		
2歳	階段を上り下りする	階段からの転落	高さのある遊具などとの衝突			
3歳	高いところに上る／ジャンプする					
4歳						
5歳						

> 園長・副園長・主任保育者など

　園長を始め、副園長や主任保育者といった園全体の方針や方向性などを決める役割を担う管理者は、園内でのリスクマネジメントにおいて大きな影響力をもっています。例えば、保育者が「危ないかも」と思っている遊具でも、一人の保育者の一存では撤去などの根本的な改善を行うことはできないかもしれませんが、管理者はその判断を行うことができます。建物や園庭の遊具といった園全体の環境や、保育で使われる道具などを決定する権限ももっていることでしょう。

　保育者は日常の保育のなかで、危険を察知することができます。しかしそれは、担当している子どもの年齢や月齢においての目線であり、0歳から就学前までの子どもが生活している園全体としての認識ではない場合があります。対して管理者は、園全体を見渡したときに、「どの年齢の子どもにとっても危険だから取り除くべき」なのか、それとも「ほかの年齢の子どもにとっては必要な物だから、撤去せずにほかの方法を模索すべき」かなどの判断をすることが可能です。

　個々の保育者が安全に保育を全うできるように、また園全体との関連を見渡しながら事故を予防し、安全を確保することができるのは、管理者の理解や高い意識があってこそといえるでしょう。

> その他の専門職

　園に所属する保育者以外の専門職としては、調理師や栄養士、看護師などがいます。調理師や栄養士は、園での給食やおやつの調理、栄養管理の中心的な役割を担い、看護師は子どもの健康管理や保健衛生に関することを中心に担っているでしょう。

　保育者も含めて、それぞれが担っている役割を果たすことが第一ですが、リスクマネジメントではそれぞれの専門性が連携することで、ほかの職種からは見えない対策を立てることができるようになります。

協働すること

　リスクマネジメントの原則は、複数もしくは全体で取り組むことです。子どもに直接かかわる保育者だけでなく、園長や副園長、主任保育者などの管理者や、看護師、調理師、栄養士、そのほかの職員など、できるだけ多くの職種がそれぞれの立場や専門性を発揮しながら協働することが効果的です。アレルギーのある子どもへの対応や、園内での感染症の予防などはその代表といえるでしょう。

　「気づく」力を養うことをはじめとして、リスクマネジメントでは保育者以外の専門職も含めて複数の職員でかかわることがさらなる効果を生み出します。また、園外の人がかかわることも有効です。園の嘱託医やほかの園の園長、保育者にも協力してもらうことで、園内からは見えない視点が提供されることもあるでしょう。

キーパーソンを決める

　複数の職員で取り組み、かかわる人数が多ければ多いほど、意見や方向性はまとまりにくくなります。したがって、協働しながらリスクマネジメントを進めていく際は、園内のキーパーソンをあらかじめ決めておくことが肝心です。

　また、話し合った場合、声の大きい人や権威のある人などの意見に方向性が傾く場合があります。そのため、園内のキーパーソンは、できるだけ全体の意見を中立に聞ける立場にある人や、上司や部下に対して提案することができる人が望ましいといえます。場合によっては、リスクマネジメントのキーパーソンとなる職員に一定の権限を与えることも方策です。

協働するための手段（ヒヤリハット報告）

　さまざまな意見を出し合い、議論し、結果を導いていくためにはいくつかの手法があります。代表的な手法としてブレインストーミングやKJ法※といったものがあります。リスクマネジメントにおいても、集団で議

論し、課題を検討し、対策のための新しいアイデアを考案するためにも有効な手段といえます。また、実際に園内でリスクマネジメントを進めていくと、あまりにもすることが多くて、どこから手がけてよいのか収拾がつかなくなる事態に陥ることもあります。そこで有効な手段の一つとして、「ヒヤリハット報告」があります（**図1-2**）。

　ヒヤリハット報告は多くの園で実施されていると思いますが、園内で起きたヒヤリハットを集計・分析することで、手をつけていくべき部分を明確にすることができます。ここで大切なのは、単に報告することではなく、分析へとつなげていけるようにすることです。そのためには、いくつかの観点からヒヤリハット報告の方法を考えることができます。1つ目は、起きた出来事を報告してもらえるようにすることです。2つ目は、分析することを見据えた内容や項目を設定することです。

　1つ目の起きた出来事を報告してもらいやすくするためには、報告の手法を検討することです。多くの場合、書類などに記載するようになると思いますが、報告する項目や内容を簡潔にする工夫が考えられます。そのとき、文章で叙述的に記述するよりも、必要な項目を設定・選択できるようにしたほうが、素早く記入することができます。

　これは、分析することを見据えた内容や項目を設定することにもつながります。文章で記述されたものを分析するために整理することは非常に労力を要します。発生日時や時間、場所、出来事の性質など、あらかじめ項目を設定することで、集計・分析が容易になります。

　このように、報告から集計、分析までをできる限り少ない労力で行えるように工夫することが、報告されたヒヤリハットを有効に活用していくためには肝心です。

※ブレインストーミング…意見を出し合うことでたくさんのアイデアを生産する方法。
※KJ法…ブレインストーミングなどによって得られた発想を整序し、問題解決に結びつけていくための方法。

図1-2 子どものけがの記録

《1.児童名》　　　　　　《2.性別》①男　②女　　《3.兄弟》（　）人兄弟、（　）番目
《4.年齢》　　　歳　　　ヶ月　　　《5.クラス》年長・年中・年少・3歳未満・乳児

[けがの発生と状態について]
《6.発生日》　　月　　日　　《7.発生時間》　　時　　分頃　《8.天気》晴れ・曇り・雨・雪
《9.けがの種類》　　　　　　　　　　　《10.けがの部位》複数の場合、最も重い部分＝○、
①痛み　②腫れ　③内出血　　　　　　　　　　　　それ以外＝△
④すり傷　⑤切り傷　⑥刺傷
⑦打撲傷　⑧捻挫　⑨裂傷
⑩脱臼　⑪骨折　⑫挫傷
⑬筋腱断裂　⑭火傷　⑮目のけが
⑯口のけが　⑰その他（　　　　　　）
《11.対処（処置）について》
①園内で処置（　　　　　　　　）
②医療機関受診（　　　　　　　）
《12.予後について》
①問題なし　②要通院（　　日）③要入院（　　日）
《13.完治に要した期間》（　　　日間）
《14.けがの程度や詳細、けがをした状況をご記入ください》

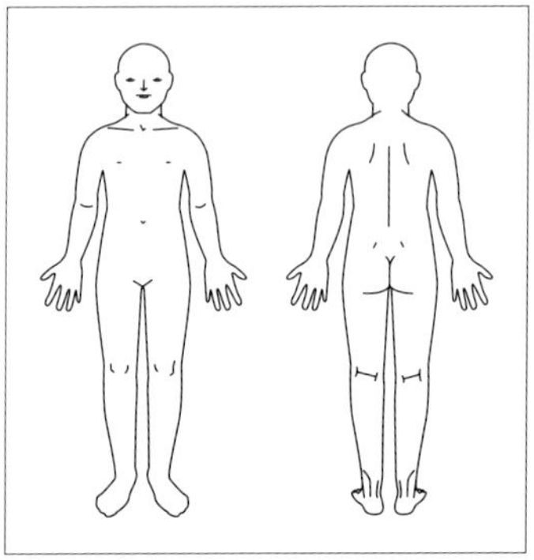

[けがの発生状況について]
《15.どこでけがが起こりましたか？》
①保育室（　　　　）②遊戯室（多目的室）③廊下（　　）④トイレ（　　）⑤階段
⑥運動場（　　　　）⑦園外（　　　　）⑧その他（　　　　）
《16.けがに関与した人・モノはありますか？》
①人（手）　②人（爪）　③人（足）　④人（頭）　⑤人（その他：　　　　）
⑥遊具（　　　　　）⑦文房具（　　　　）
⑧家具（　　　　　）⑨その他（　　　　）⑩なし
《17.子どもは何の活動をしていましたか？》
①室内設定保育（　　　　　　）②屋外設定保育（　　　　　　）③室内自由遊び（　　　　）
④屋外自由遊び（　　　　　）⑤テレビ・ビデオ（　　　　）⑥本・紙芝居
⑦歌を歌う　⑧給食　⑨おやつ　⑩活動場所に移動中　⑪その他（　　　　　　）
《18.子どもが行っていた活動はどのような年齢集団での活動ですか？（　　）は人数》
①同年齢（　　　）②異年齢（　　　）③保育園全体（　　）④1人での活動　⑤その他（　　　）
《19.周囲にいた（けがをした子どもにかかわっていた）子どもの数は何人ですか？》
①1人　②2人　③3人　④4人以上（　　　　　）⑤なし（けがをした子どものみ）
《20.目の届く範囲にいた保育者の数は何人ですか？》
①1人　②2人　③3人　④4人以上（　　　　　）⑤なし（子どものみ）
《21.目の届く範囲にいた保育者の性別と経験年数をご記入ください（いた場合のみ）》
1人目（性別 女・男、　　年）、2人目（性別 女・男、　　年）、3人目（性別 女・男、　　年）
《22.周囲に保育者以外の大人はいましたか？》
①1人（　　　　　　　　）②2人以上（　　　　　　　　）③いない
《23.このけがの原因、予防などについてお気づきの事柄をご記入ください》

記入漏れがないことを今一度ご確認ください。

伝達・共有するための技術を使う

　園という性質上、すべての職員が一堂に会して議論し、情報を共有していくことは難しいでしょう。しかし、リスクマネジメントを進めていくための重要な要素として、すべての関係者で情報を共有することが求められます。それは、リスクマネジメントは誰か一人が知っていれば、あるいは誰か一人が行えば完結するものではないからです。職員一人ひとりの気づきにしても、ヒヤリハット報告から得られた特徴にしても、それらを職員全体で把握し、何をどのように注意していけばよいのかを共有することが必要です。人が頭のなかで考えていることは、そのままでは伝わらないため、伝える・共有する工夫が必要です。

　伝達・共有する工夫にもいくつかの手段があります。たとえば、職員室や比較的ヒヤリハットや人的なミスなどが多い場所に、標語のようなかたちで掲示するといったことはその一つです。

　また、ヒヤリハット報告の結果を示す場合、注意点なども示されます。

図 1-3　リスクを可視化する工夫

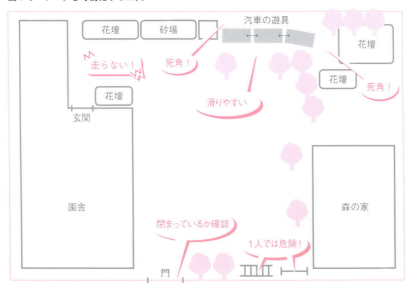

そのような場合、文字や数字、標語などで示すよりも、図式化して示すほうがわかりやすい場合があります。園内の見取り図に、ヒヤリハットが起きるたびにシールを貼っていき、シールが貼ってある場所が多いほど注意が必要であることを示す方法もあります（**図1-3、p.35**）。

いずれにしても、職員全体でリスクマネジメントに取り組んでいくときには、どのようにすれば相手にうまく伝わり、職員全体で共有できるのかを考えていきましょう。

安全風土を高める

安全風土とは、積極的にリスクマネジメントに取り組むことができる組織であるか、ヒヤリハットの報告を積極的に出すことができる雰囲気かなど、安全行動や安全に向けた取り組みに対する組織の認識や雰囲気をいいます。園全体としてリスクマネジメントに取り組もうとするとき、安全に対する意識の高い風土（認識や雰囲気）が欠かせません。保育のなかで起きたヒヤリハットを報告しやすい雰囲気であることや、ヒヤリハットを報告したことを批判しない態度、リスクに対して積極的に改善しようとする体制であるかなどによって、リスクマネジメントとしての取り組み方が変わってしまいます。

もしもヒヤリハットを報告することで、起こった出来事に対して批判される風土であったなら、保育者は報告することを戸惑うかもしれません。そして、報告されなかったことが、将来起きるかもしれない重大な事故を予防するための貴重な情報を失うことにつながるのです。

日々の安全に対して積極的に取り組むことができる一人ひとりの意識はもちろん、さらなる安全に向けた取り組みが優先される組織であることが大切です。この安全に対する意識の高い組織も一人だけではつくることはできず、職員全体でつくっていくものです。

事故が起きたときはもちろん、ヒヤリハットにしても、個人にその責任を追求する人間関係や、今の状態を変えることに消極的な環境では、園内

にあるさまざまなリスクを減らすことはできません。リスクを共有・改善しやすい人間関係や職場環境が、結果として事故の起きづらい園をつくることになるのです。

子どもへの安全教育

　園内でのリスクマネジメントを考えていくとき、子どもも「人」の構成要素の一つです。もちろん園のなかの子どもは守られる存在であり、もし何かが起きたとしても、子どもに責任を転嫁することはできません。たとえ、子ども自身がルールを守らなかったことが事故の原因であったとしてもです。だからといって、子ども自身が自分の身を守る力を身につけなくてもよいかといえば、そうではありません。保育所保育指針にも示されているとおり、子ども自身が安全に過ごすための習慣を身につけ、危険を回避することができるようにしなければなりません。

　子どもを主体にしたリスクマネジメントでは、園として要求される安全な環境の整備が土台にあることはいうまでもありません。そのうえで、年齢に応じた安全に過ごすための習慣や危険を回避するための力を、子ども自身が身につけていくことが求められます（**図1-4**）。子ども自身が安全に過ごすための習慣や危険を回避するための力は、園のなかで安全教育として行われます。交通安全のために横断歩道の渡り方や交通ルールを教えることが、その代表です。

　さて、子どもが自分自身の身を守る力を身につけていくには、交通安全ルールのように言葉や図で伝えたり、保育者が模範を示したり、実際に体

図1-4　園として求められる安全な環境の整備と安全教育の関係

年齢が低いうちは保育者の配慮が多い　→　保育者（大人）の配慮／子どもへの安全教育／園として必要な安全な環境の整備／年齢　→　年齢が上がるにつれて、子ども自身の安全に対する能力を増やしていく

験することなどを通して行われることが多いでしょう。そのほか、安全教育としては子どもたちが自分自身でルールをつくる方法もあります。

例えば、園内の地図作りの活動を通して、園庭や室内などの地図を作り、それぞれの場所や遊び、活動などでのルールや危険な箇所を子どもたちで考えます（**写真**）。ルールをつくる過程では保育者の導きが必要ですが、子ども自身がルールをつくることで、より主体的な安全教育へと発展していきます。

さらに、年上の子どもが年下の子どもに遊具の使い方、遊び方などを教える機会を積極的に設けることも一つの手段です。保育者が大人としてルールや約束事を伝えることも大切ですが、子ども同士で教え合うことで、互いが安全の習慣や危険を回避する力をつけることに結びつきます。

②「物」から考える

子どもと大人の物を確実に区別して管理する

　園の事故では多くの場合、「物」が関与します。転落にいたった遊具や、走りまわったときにぶつかった机、誤飲や誤嚥をもたらしたおもちゃや食べ物など、生活のなかに必要で、本来子どもにとっても有益な「物」は、扱い方や人の不注意によって、けがや事故の原因になります。

　さらに、園という性質上、子どもたちが生活をする場面のなかで、子どもに明らかに大きな危害を加えるものや障害になりうるものは存在しないことが原則です。しかし、保育者が保育を行ううえで必要となる物はたくさんあります。例えば、カッターや裁断機などの事務用品を始め、薬品、掃除のための洗剤、園内環境整備のためのノコギリや金槌などが挙げられます。

　これらは、子どもが触ることのできない場所に保管するとともに、使う際も周囲に子どもがいない状態で使用するなどのルールが必要です。

変えられる物は変える

　子どもに関係する物は、子どもの生活や遊びにとって必要だから購入・設置したものがほとんどでしょう。しかし、物は時間の経過や使用することによって劣化・破損していきます。ですから、物は常に変化しているという視点をもって、子どもの身のまわりにある物を管理、確認する必要があります。

　また、おもちゃや遊具など、子どもの生活のなかに取り入れてはみたけれど、いざ使ってみると危ないと感じたものもあるでしょう。

　物に対する管理や点検、確認などは日常の保育のなかでも十分に行われていると思いますが、保育者が危ないと感じる物については常に安全な状態に「変えていく」意識をもちたいものです。

　また、「私が見ていれば大丈夫」「せっかく子どものためにあるのだから」

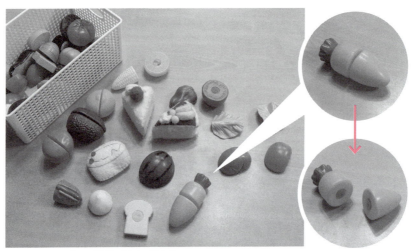

遊びの過程で誤飲の可能性が見える場合も

と感じることもありますが、事故につながりやすい物、何かが起きたときに重大な出来事につながりそうな物は、「取り除く」勇気も必要です。

③「仕組み（システム）」から考える

人と物をつなぐ

　園でリスクを予防するにあたり、「人」の力や「物」を変えるのはとても大切であり、これらを抜きに考えていくことはできません。「物」が安全でかつ正しく使われ、「人」もいろいろなことに気づき、注意深く生活することができれば、多くの事故を予防することにつながるでしょう。

　しかし残念ながら、「人」は勘違いや間違い、あるいはルール違反といったミスをします。「物」も必ずしも正しく使われるとは限りません。「人」のミスを防ぎ、「物」が本来の目的で正しく使われるためには「仕組み」が必要になります。

　園のなかにある代表的な「仕組み（システム）」の一つとしては、何か

を行うときのルールがあります。そしてもう一つは、マニュアルがあります。ルールにしてもマニュアルにしても、その対策は大人のミスを防ぐためのものということです。子どもを対象にしたルールや約束事もありますが、それらは子どもの成長に必要な社会的スキルを身につけるためのものであり、子どもの安全を守るためのものとは別物です。

ルールのつくり方

　事故を予防するためには「人」、つまり保育者を始めとして、園に関係するあらゆる「人」の努力が欠かせません。しかし、「人」が原因となって事故にいたることもあります。その原因の一つが「人」がしてしまう「ミス」です。このミスを「ヒューマンエラー」といいます。

　ヒューマンエラーには、思い込みや間違い、勘違い、失念、違反などがあり、理由として、知識や技量の不足、人間としての限界を超える行動が求められていた、さらには心理的・社会的あるいは組織的な背景などが挙げられます。これらのヒューマンエラーをなくすためには、ヒヤリハット報告の分析などを通して、人に由来する出来事の原因を特定して対策をとることです。

　その対策の一つに、仕組みとしてのルールをつくることが挙げられます。ルールは、「人」がしてしまう間違いや勘違いなどのミスを減らすために有効であり、子どもの人数確認やアレルギー食の提供などが一例です。例えば子どもの人数確認は、さまざまな方法で実践していると思いますが、重複して数える可能性やほかのクラスの子どもを含めて数える可能性など、間違いや勘違いなどが起こる可能性がないかふり返りましょう。

　人がどのような間違いや勘違いをするかを想定し、その間違いや勘違いが少なくなるルールをつくることが大切です。人数確認を例にすれば、名簿によって確認する、保育者の呼名で子どもが返事をする、子どもを指さし名前を呼ぶ（指さし呼称）などです。

　また、個々のヒューマンエラーが起きても途中で異変に気づいたり、対

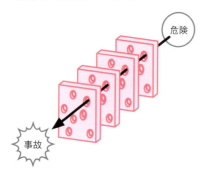

図 1-5　スイスチーズモデル

応できるルールのつくり方も必要です。事故は誰か一人がミスをすれば必ず起きるものではなく、ヒューマンエラーや偶然を含むさまざまな出来事が重なったときに発生します。このような事故発生のメカニズムを表現したものとして、スイスチーズモデルというものがあります（**図1-5**）。

　一枚一枚のチーズには穴が空いており、これらの穴が一直線に重なったときに事故が発生します。つまり、穴が重ならないようにチーズを多数並べること、そして一枚一枚の穴を小さくすることで、事故発生の確率を小さくするのです。先ほどの人数確認でいえば、複数の保育者で確認するといった方法です。たとえ誰かがミスをしても、ほかの誰かがミスに気づいて適切に対応できるようにすることが大切です。

マニュアル化の利点

　事故や災害が発生したときの対応など、園内でマニュアル化されているものは数多くあります。保育に関するすべてのことをマニュアル化することは不可能ですし、保育のなかでは臨機応変であることや柔軟に物事に対応する能力も大切です。しかし、事故や災害の対応やアレルギー食の提供なども含め、手順や手続き、ルールとして決まっていることはマニュアル化することが重要です。マニュアル化の利点として、一貫性を保つことが挙げられます。マニュアルがあることによって、誰が行っても同じ手順や手続きを踏むことができ、人のミスを減らすことにつながります。

　また、マニュアルは緊急時の混乱を防ぐことにもつながります。人は通常の状態であれば当たり前のようにできることでも、緊迫した状態になると、正しい判断や適切な対応ができない場合があります。災害時の避難や

緊急時の連絡などがよい例でしょう。最終的には保育者の判断に委ねられる場合もありますが、標準となる方法や手段を備えておくことは、リスクマネジメントとしても意味のあることです。

　緊急時の避難のように、子どもの行動に関係するマニュアルに際して留意したいことは、主体は大人であり保育者であるようにすることです。実際の避難や避難を想定した訓練にしても、子どもにマニュアルどおりの行動を期待することはできませんし、期待どおりに行動にしなかったからといって、結果の責任を子どもに転嫁することはできません。子どもたちがマニュアルどおりに行動しないことを想定したマニュアルをつくり、実際に災害などが起きたときに、保育者などが適切な行動をとることができるように備えておくことが大切です（**図1-6**）。

図1-6　防災マニュアルの例

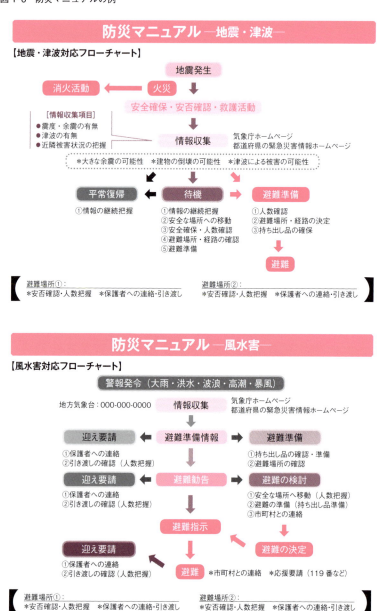

保育者の役割

「養護」と「教育」を行うために

　保育者の業務内容はとても多岐に渡ります。主な業務は保育所保育指針にも示されている「養護」と「教育」に関する内容が中心ですが、実際には「養護」と「教育」を実施するための準備や環境整備も含めて業務になっているのが一般的でしょう。加えて、保育を実践するために計画を立案することや、行われた保育を形として残すために記録を作成すること、さらには子ども一人ひとりの育ちを記していくことなど、数えあげるとその業務は膨大な量になっていきます。

　すべての保育業務を取り上げると少し話が大きくなってしまうので、ここでは子どもを中心に考えます。園での子どもの活動や生活を中心に据えると、保育所保育指針の「養護」と「教育」、そして「養護」と「教育」を達成するための準備や環境設定になります。前者では、遊びや活動、食事、排泄、睡眠に加えて、部屋と部屋の間を移動しているときなど、保育者の目の前に子どもがいて、保育者が子どもの行動や状況、状態を見守り、把握することが求められます。後者では、活動のための準備や掃除など子どもが目の前にはいないが、後々に子どもたちが使うことなどを想定することが求められる場面です。

　いずれの場面でも、子どもたちが安心して、意欲的かつ楽しく過ごすことができるように、保育者として日々尽力していることでしょう。そして、

実際に子どもたちが安心し、喜ぶことが、保育者にとっての大きな喜びでもあるでしょう。

　一方で、子どもたちがどんなに楽しい活動をしても、また有意義な1日を過ごしても、けがをしたり事故が起こってしまうと、その楽しかった時間は吹き飛んでしまいます。子どもがけがをして痛がる姿を見ると、「自分が痛かったらどんなに楽だろう」「できれば代わりたい」と胸を痛めることと思います。

リスクマネジメントの成果

　人的にも物的にも子どもに特化して作られている園で、そもそも大きな事故は頻繁に起きるものではありません。そのなかで、リスクマネジメントに取り組み続けることに疑問を感じてしまうことがあるかもしれません。リスクマネジメントに積極的に取り組んでも、効果を実感する機会が少ないかもしれませんし、逆に、積極的に取り組んでいなかったとしても、何も起こらないこともありえるからです。加えて、リスクマネジメントによって得られた安全な状態が目に見えづらいことも、成果を実感しづらい要因といえるでしょう。

　しかし、同じ「何も起きていない」という状況でも、リスクマネジメントに取り組み続けている結果として「何も起きていない」ことと、取り組まずに偶然「何も起きていない」ことでは大きな差があります。少なくとも、偶然に「何も起きていない」状況が将来にわたって続く保証はどこにもなく、もしかしたら今日、大きな事故が起きるかもしれません。偶然に左右されることなく、今を「何も起きていない」状態にできていることが、リスクマネジメントの最大の成果なのです。

第2章

場面別 リスクの予防と対策

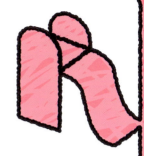

園の1日の生活場面を例に、そこに存在するリスクを考え、予防策を提案します。

開園準備

POINT 1
周囲に不審な車や人はいませんか？

POINT 2
夜間、門などが開いた形跡はありませんか？

POINT 3
子どもが手にして危険なものはありませんか？

解説

　園の開園は早朝であることが多く、早番で出勤した保育者が最初に玄関や門の鍵を開けることも少なくないでしょう。日の短い冬の時期は、まだ暗いなか出勤して開園することになります。

　開園時はまだ子どもも登園していないので、子どもに対する直接的なリスクは存在しませんが、夜間に誰かが園に侵入した形跡がないか、子どもが登園して保育が始まったときに害をおよぼすような物がないかなどに気を配りましょう。

　また、早朝は防犯上の観点から、保育者の人数が多くなるまでの間は、保育者自身の安全にも注意しましょう。

ポイントと予防

不審者が入った形跡、不審物の有無

保育者の安全や防犯上の観点から、園を開ける際には、あらかじめ園内や園庭に不審者が入った形跡がないかなどを確認しましょう。園内（建物内）は警備会社などによるセキュリティが確保されていることが多い一方、園庭は比較的無防備です。不審者などが入った形跡がある際には、「一人で対応しない」「速やかに警察に連絡する」などの対策を講じましょう。

また、次の職員が出勤してくるまで、園内の保育者が一人だけの間は、玄関の鍵をかけておいたり、最初に出勤する職員を複数にすることも、防犯上有効です。

危険物、不要な物の確認

子どもが過ごす保育室や園庭に不要な物、危険な物が落ちていたり、置かれたりしていないか。また、園庭では動物のフンなどが落ちていないかも確認しましょう。

子どもの受け入れ準備

開園当初は保育者の人数も少ないことに加えて、子どもたちの受け入れの準備や環境整備など、すべきことが多い時間帯でもあります。そこで優先されるのは、子どもが落ち着いて安全に活動できることです。子どもが登園してきてから保育者が遊びの準備を始めると、慌ただしくなりがちです。事前に子どもが遊ぶことができる状態をつくっておきましょう。

不審物がないか確認しよう

Scene

登園

車の動線と子どもの動線が交差しないようにしよう

解説

　子どもが登園する方法、保護者が送迎する方法は、車や自転車、徒歩など、保護者によって、園によってもさまざまです。車や自転車での送迎が多い園では、駐車場や駐輪場を備えている場合が多いと思われます。

　特に駐車場については、園と同じ敷地内にあったり、一般の道路を隔てたところにあったりと、園の事情や地域の事情によって異なるでしょう。保護者がどのような手段や状況で送迎しているかを確認したうえで、子どもたちが安全に登降園できるように環境を整備し、保護者に啓発することが大切です。

ポイントと予防

①駐輪場
十分なスペースの確保

　駐車場内や園周辺の送迎時の子どもの動線を確保することが、事故の予防につながります。無作為に駐輪されていると、ほかの車や自転車の死角になる場合もあります。自転車の転倒によるリスクを避けるためにも、十分な駐輪場の確保や駐輪のルールの啓発が大切です。

十分な駐輪のルールを作成しよう

②駐車場
駐車場から園内に入るまでの動線の把握

　車が出入りする動線と子どもの動線が交差していないか、一般道や横断歩道、歩道橋を使うか、見通しの悪いところがないかなど、保護者や子どもの目線で把握し、必要に応じて表示などの目印で対策を講じるとともに、保護者や子どもに対しても注意を促していきましょう。

出入り口付近は特に注意が必要

車の出入りが死角になっていないか？

保護者と子どもが手をつないでいるか

　歩いて登園する場合や、駐車場から園に着くまでの間など、子どもが先に走っていったり、保護者が子どもを置いて先に歩いていませんか。子どもは車や自転車が向かってくる速度を認識しづらく、身長の低い子どもは車の死角に入りやすいです。道路や駐車場内を歩くときは、必ず保護者と手をつなぐように啓発しましょう。

チャイルドシートの有無

　道路交通法で、幼児（6歳未満の子ども）を車に乗せるときは、チャイルドシートの使用が義務づけられています。

園児の受け入れ

POINT 1 子どもの状態に普段と異なる点はありませんか？

POINT 2 保護者から登園前までの子どもの様子を聞いていますか？

解説

　開園から徐々に子どもが登園し始め、保育者も次々に出勤してきます。ある程度の人数が集まるまでは、一つの保育室や園庭などで異年齢保育の状態になっていることもあるでしょう。

　子どもも保育者も人数の変化が大きい時間帯だからこそ、子どもの人数把握や状態の確認に対して漏れのないようにするための職員体制を整えることが大切です。その際、個々の保育者の役割分担を明確にすることが必要です。

ポイントと予防

保護者との連携

　当日の子どもの様子は、登園前まで家庭で過ごした時間の延長です。朝の受け入れのときに、日頃見ている子どもの様子から変化を察すると同時に、前日に降園してから何をして遊んだか、親子の様子、何を食べたか、排泄の有無、睡眠時間など、保護者から様子を聞くことが子どもに対する配慮やかかわりのヒントになるでしょう。

　休み明けなど、家庭で過ごした時間が長いほど、保護者との連絡を密にしましょう。

子どもの様子を保護者から聞いておこう

子どもの状態確認

　受け入れの際、顔や手、足などに前日までには見られない傷があったときには、保護者や子どもに確認しましょう。擦り傷や打撲によるアザは、保育中も頻繁に起きます。保育中にできたものかそうでないのかを判断する意味でも重要です。

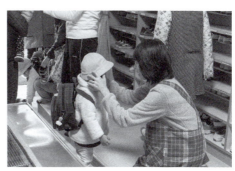
傷やアザの確認は登園時に行おう

職員間の情報共有

　早朝は、担任保育者が受け入れることができない場合もあります。前日の子どもの様子や状況を担任が把握できるように、受け入れ時に得た情報や保護者の伝言を確実に引き継ぐ工夫が大切です。

職員間の役割分担

　園児が次々と登園してくる時間帯、受け入れる担当や子どもを保育する担当、環境を整える担当など、保育者の役割を分担することが、ミスや抜け落ちを減らすことにつながります。

　一人ひとりの保育者が、それぞれの役割を確実に果たすことが、園全体としてのミスの予防や安全の確保につながります。

保育環境の準備

POINT 1 危険なものは落ちていませんか？

POINT 2 遊具に不具合はありませんか？

解説

　保育環境を整えることは、保育者にとっての重要な役割の一つです。活動ごとの環境を整えることはもちろんですが、毎日使われるホールや玄関、園庭といった共用部分も含めて環境を整えておくことが保育の基本になります。

　特に共用部分では、役割や責任の所在が不明確になりやすく、「誰かがしているだろう」と思い込んでしまいがちです。保育室や園庭、そこに配置される道具や遊具の不具合などを確認したうえで、安心して1日の保育が始められるようにしましょう。

ポイントと予防

保育室や園庭、遊具などの確認

園内の状況は時間とともに変化しています。子どもたちが生活する空間に危険なものが落ちていないか、使う道具や遊具に不具合がないかなどを事前に確認しましょう。

標準的な保育環境の設定

子ども用の机やいす、ロッカー、保育者用の机など、保育室には日常使われるものが数多く置かれています。そして、それらを子どもの活動内容に応じて、保育者がそのつど準備し、保育環境を整えていると思います。

1日を通して保育環境は変化していきますが、机の配置や物の置き場所など、標準的な保育環境を設定しておくことが、さまざまな変化や異変に気づくきっかけになります。園庭やホールのような共有スペースでは、その前の活動の様子が把握しづらいため、使った保育者が確実に元の標準的な状態に戻しておくことが大切です。

子どもたちが使う前に、危険なものが落ちていないか、不具合がないかなど確認しよう

机の配置など標準的な保育環境を設定しよう

異年齢保育

POINT 1 小さな子どもの周囲で走りまわっていませんか？

POINT 2 担当以外の子どもの特性を把握していますか？

解説

　子どもが次々と登園してくる時間帯は、子どもや保育者が一定の人数になるまで、一つの保育室や園庭などの限られたスペースで異年齢保育が行われる場合があります。

　通常の保育形態として行われる異年齢保育とは違い、朝や夕方の時間帯での異年齢保育では、子どもに向き合う保育業務のほかにも、掃除や当日の保育の準備、登園してくる子どもの対応などが並行して行われます。保育者の配置や子どもの人数も流動的であるため、子どもに対するかかわり方やその際の配慮点、さらには保育者間の役割分担などを工夫することが大切です。

ポイントと予防

園児一人ひとりの性格・特性の把握

性格や活動量、好きな遊び、友だちとのかかわり方など、子どもは一人ひとり違います。それぞれの子どもの個性を把握しながらかかわることが保育の基本です。

朝や夕方の時間帯など、クラスとして担当している子ども以外とかかわる場合もあります。日頃から、それぞれの子どもの性格や特性を把握し、配慮が必要なことなどは保育者間で情報の共有を図るようにしていきましょう。

園庭での遊びは、個々の身体能力にも配慮する必要がある

人、モノの配置

「児童福祉施設の設備及び運営に関する基準」では保育者の配置基準が定められており、子ども全体に対する保育者の人数は確保されています。しかし、朝夕など子どもの人数が不安定な時間帯に何人の保育者が子どもとかかわるかは、そのときの状況によってさまざまです。子どもの人数はもちろん、どのような遊び・活動を行うのか、場所やその広さなどに応じて、保育者の配置を検討することが大切です。

同時に、保育者が子どもの人数に応じて、子どもたちに目が届くように、必要に応じて援助や声かけができるように、遊びの種類や遊ぶ場所などを変化させていくことも、保育の工夫といえるでしょう。

子どもの人数に応じて、遊びの内容を検討しよう

観察のポイント

- 少人数で保育している場合でも、子どもをトイレに連れていったり電話対応などで保育者が部屋を外すとき、保育者間で確実な声かけを行っていますか
- 集団を形成する子どもの年齢を始め、性格や特性がさまざまななかで、子どもたちが落ち着いて過ごせる遊びの提供や工夫がされていますか
- 集団の特性や遊び方に適した保育者の人数が配置されていますか
- 子どもたちが自由に遊び、かつ保育者の目が届きやすいように遊びの場所や種類が工夫されていますか

保育者間の連携

　長時間開所している園では、保育者の勤務時間をローテーションによって調整していることが多いでしょう。特に朝夕の時間では、普段一緒に仕事をしない保育者と組むこともあります。

　子どもに対する一貫性のあるかかわり方や柔軟な役割分担、保護者からの連絡の共有などをスムーズに行うには、日常から保育者間のコミュニケーションを密にしておくことが大切です。

子どもを保育者の視野に入れる

　登園から降園までの時間、保育者の目が子どもに行き届いていない時間をつくるべきではありません。年長児であってもです。特に子どもの人数や保育者の人数が不安定な朝や夕方は、子どもに保育者の目が行き届かない状況が起こりやすい時間帯です。登園から持ち物整理の間もその一つといえます。

　登園してからの流れは園によってさまざまです。保護者と一緒に保育室まで行って子どもの持ち物の整理をする場合もあれば、園の門で保育者が子どもを迎え入れ、後は子どもが自分で持ち物を整理する場合もあるでしょう。

　子どもが自分で持ち物を整理する場合は、所属するクラスと保育が行われている部屋が異なれば、子どもが一人になることがあります。子どもの1日の生活の流れを確認しながら、一人の時間をつくらない保育の工夫が必要です。

一人ひとりの子どもに目が行き届かない場所や時間帯がないか確認しよう

ワーク　リスクの「気づき」を高める

3. 横断歩道

　写真は、これから横断歩道を渡る保育者と園児です。引率している保育者は、あなたを含めて2人です。

①横断歩道を渡るとき、どのようなリスクがあるでしょうか？

②2人の保育者は、それぞれどのような連携や役割分担をしますか？

全体保育

POINT 1 一人ひとりの子どもの行動特性を把握していますか？

POINT 2 一人で離れる子どもを想定していますか？

解説

　季節ごとの催しや誕生会などの行事を除いて、1日のなかで園の子ども全体が集まる機会はそれほど多くないかもしれません。そのなかでも、クラスをまたいで行われる朝の会などは、比較的多くの子どもたちが集まる時間といえるでしょう。

　全体の保育では、子どもの人数が増えると同時に、職員の人数も増えます。全体の活動に積極的に参加する子どももいれば、集団から外れて好きなことをしようとする子どもがいるなかで、「誰かが見ているだろう」という思いが、結果として、子ども一人ひとりに目が行き届きにくくなるといった事態を起こしてしまいます。

ポイントと予防

子どもの動きの把握

　園全体の活動において、一人の保育者が子どもに向き合って体操をしたり、話をすると同時に、子ども一人ひとりの様子や行動に注意を傾け、対応することは不可能です。これはいわゆる人間としての能力を超える役割を期待している状態といえます。個々の保育者の能力を踏まえたうえで、子どもの前に立つ保育者、子ども全体の様子を把握する保育者、集団の活動にのれない子どもや集団から外れてしまう子どもに対応する保育者など、それぞれの役割を明確にすることが大切です。

　そして、各保育者が自分自身の役割を確実に果たすと同時に、ほかの保育者が何をしているか、手が足りなくなっているところはないかなどを把握しながら、自分自身の立ち位置や動き方を考えていくことが、上手な連携の土台となります。

保育者の役割分担と連携

　前に立つ保育者が子ども全員を引きつけることが理想的ですが、年齢の異なる子ども全員を引きつけることは難しいでしょう。その日の体調や気分によって子どもの行動は変化し、その場の雰囲気によっても変わってしまいます。そんなとき、子どもは自分の好きな遊びを始めたり、集団から外れて行きたい場所へ行ってしまうこともあるでしょう。これ自体は、子どもとして当たり前の姿であり、子どもをひきつけられなかった保育者に責任があるわけではありません。

　大切なのは、集団から離れて好きな遊びをしようとする子どもに気づくことであり、寄り添い、声をかけることです。つまり、集団で活動する時間だから、子どもも当然のように「集団から離れることはない」と思わないことです。子どもはどのようなことをするかわからないことを前提に、保育者同士で声をかけあいながら、常に子どもの動きを把握しましょう。

保育者同士、常に子どもの動きを把握しよう

職員間の申し送り

POINT 1
申し送り事項は毎回決まっていますか？

POINT 2
申し送りの内容は参加しない職員にも共有されていますか？

解説

　午前中の時間帯に職員間の申し送りをしている園は多いでしょう。子どもの出欠連絡の確認や保護者からの連絡、当日の活動などを保育者間や調理員、看護師などを含む職員間で共有することは意義があります。

　一方で、すべての職員が申し送りに参加することは不可能で、クラスの主となる保育者や当番の保育者など、一部の保育者が申し送りに参加して、各クラスの保育者に伝達するのが実態でしょう。そのため、効率よく、必要なことを確実に伝達できるように工夫することが大切です。

ポイントと予防

申し送り事項の固定化

　申し送りの事項が毎回異なると、内容の誤解や勘違いにつながることがあります。例えば、「欠席の申し送りがない」ことと「欠席の連絡がない（欠席の子どもがいない）」ことは違います。ここでは、欠席がいないから「欠席の申し送り」をしないのではなく、「欠席の申し送り」として「欠席の子どもがいない」ことを申し送りすることが大切です。

　また、申し送りの内容が多くなればなるほど、言葉による伝達が難しくなります。人間の記憶には限界があるため、すべての内容を覚えておくことは不可能でしょう。文字（記録）として残すことが有効な手段の一つです。

いつでも確認できる工夫

　申し送りされた内容が保育者間で共有されないことは、多くのリスクを招き、重大化しやすくなります。人数の確認はもとより、子どもの体調管理や薬の誤飲など、必要なことが伝えられていないことが重大なミスにつながります。必要なことが確実に伝わるようにすること、確認したいときにいつでも確認できるように工夫することが大切です。

申し送りでは、必要なことを確実に伝えよう

屋外から室内への移動

POINT 1 ほかのクラスの子どもがまぎれていませんか？

POINT 2 子どもの人数だけでなく、誰がいて、誰がいないかわかりますか？

解説

　子どもの活動する場所が変わるたびに子どもの人数を確認することは、たとえ手間や時間がかかったとしても欠かすことはできません。園外から園内へ、園庭から室内へ移動する際には特に注意が必要です。

　また、子ども全体や複数クラスでの保育からクラス単位の保育に移行する際も、ていねいで確実な人数確認が必要です。たとえ園内であっても、保育者がいない空間に子どもが1人で取り残されていたり、室内に入ってから子どもがいないことに気づくといったことは、いつ重大な事故が起きても不思議ではない深刻な事態です。

ポイントと予防

人数確認の徹底

　人数確認のミスはときとして、子どもの生死を左右しかねない事態に発展することもあります。朝の時間や午前中など、子どもの人数が流動的な時間帯の後は、確実かつ注意深い人数確認が必要です。

　人数確認の方法には、クラスの人数だけを数えたり、名簿などで一人ひとりを確認したり、子どもを整列して確認するなど、さまざまな方法で行われていることでしょう。今の方法でどのような欠点があるか、どんな状況でも確実に確認できるかふり返ってみましょう。

　例えば、整列させずに人数だけを確認すれば、保育者の数え間違いの可能性は否定できず、ほかのクラスの子どもが紛れ込んでいると、いなくなったことに気づくことができません。名簿で確認しても、欠席連絡が適切に行われていないと、確実な人数把握につながりません。

　どのような方法で確認することが確実か、今一度見直してみましょう。

確認の工夫

　日常の生活用品の中で、人数確認に活用できるものが多くあります。靴や上履き（上靴）はその代表です。保育者が最後に入るときに、下駄箱の靴や上履き（上靴）の数を確認するだけで、簡易的に人数の確認が可能になります。そのためには、日頃から置く場所を決めておき、整理整頓する習慣をつけることが大切です。

園庭確認の徹底

　確実な人数確認の方法を検討することを前提としながらも、その方法を完全に信頼することは危険です。二重、三重のチェックとして、すべての子どもや保育者が園庭から室内に移動する、ホールからクラスに移動するなど、その後に人の目に触れにくい場所や空間があるときは、最後に見まわり、残されている子どもがいないか確認することが、万が一に対する備えです。

園の実態に合った人数確認を検討しよう

園内での移動

POINT 1 曲がり角には子どもたちが止まる工夫がされていますか？

POINT 2 子どもは走って移動していませんか？

解説

　日常の保育では、トイレのときや給食、活動、時間帯などによって、子どもたちが園内を移動する場面はたくさんあります。廊下を走ると出会い頭に子ども同士や家具などに衝突することも想定されます。また、階段や階段付近でふざけていると転落することもありえます。廊下や階段を走らないことは生活上の基本的なルールであり、それを習慣とすることが大切です。

　同時に、保育者の安全に対する役割として、廊下や階段の長さや広さなどの構造に応じて、子どもの行動を見据えて環境を整え、状況に応じて誘導したり、声かけをすることも大切です。

ポイントと予防

廊下を走りまわらない工夫

　廊下と部屋、廊下の曲がり角など、園内には死角となる場所、見通しの悪い場所がたくさんあります。出会い頭に衝突することも珍しくないでしょう。子どもが走っていると、大きなけがに発展することもあります。廊下や部屋の中では走らないことが基本です。日頃から走らないことを習慣づけるためにも、子どもが走っているときには声をかけましょう。

　死角になる場所、見通しが悪い場所では「止まる」目印を設置すること、家具の配置を工夫することで走らないようにすることも対策です。

走りまわると、思わぬ事故に発展することも

人的・物的環境の整備

　階段からの転落は重大な事故につながりやすいため、日頃から気を配りたい場所です。手すりを握りながら上り下りすることはもちろん、3歳未満児や身長の低い子どもは、保育者と手をつなぐようにしましょう。

　友だちと手をつないだまま、もしくはふざけながら上り下りしたり、踊り場などで遊ぶことがないように、保育者が日頃から声をかけることが大切です。

　加えて、保育者の立ち位置にも注意しましょう。万が一子どもが階段から転落することを想定したとき、保育者は子どもの下方にいることが理想的です。つまり、子どもが階段を上っているときは後ろにつき、階段を下りているときは先頭にいるほうが対応しやすくなります。

　さらに、階段での転落事故を予防する手段として、階段に柵やドアを設置して、子どもが自由に階段スペースには入れないようにする方法もあります。その際、保育者は使用後に柵やドアを閉め忘れることがないようにしましょう。

死角となる場所を把握した移動を心がけよう

確認ポイント

- 階段を上り下りするとき、子どもは手すりを握っていますか
- 3歳未満児や身長の低い子どもが階段を上り下りするとき、保育者と手をつないでいますか

- 階段の踊り場で遊んでいませんか
- 子どもが階段を上り下りするとき、保育者はどこに配置されていますか
- 階段には柵やドアなどがつけられていますか

生活上の習慣を身につける

「室内や廊下では走らない」「階段は手すりを持って上り下りする」「階段では前の人を押さない」「階段付近や踊り場で遊ばない」など、生活するうえでのルールをしっかりと身につけることは、子どもたちが園で集団生活を経験することの目的でもあります。生活習慣は日々の積み重ねによって身につくものなので、年齢にかかわらず、その都度、保育者がていねいに子どもに伝えることが大切です。

同時に、保育者は子どもの手本です。急いでいたり、慌ただしいなかでは、保育者も廊下や階段を走ったりすることがあるかもしれませんが、まずは意識的に保育者自身が子どもに手本を示しましょう。

保育者自身が子どもにお手本を示そう

| ワーク | リスクの「気づき」を高める |

4. 総合遊具

写真にある小型の総合遊具を見て、次のことを考えてみましょう。

① この総合遊具で、子どもたちがどのような遊び方をするでしょうか？

② この総合遊具で遊ぶ子どもをあなたが1人で担当するとき、何人までの子どもを見ることができますか？

③ この総合遊具で遊ぶ子どもをあなたが1人で担当するとき、子どもたちをどのように遊ばせますか？

Scene

活動の種類による対応①
室内での設定保育（製作活動）

POINT 1 道具の使い方に慣れていますか？

POINT 2 子どもの進み具合に合わせて適切な声かけができていますか？

POINT 3 材料は足りていますか？

解説

多くの園では、午前中はクラス単位での日課となる活動、いわゆる設定保育の時間としていることが多いと思われます。

設定保育は年間を通して計画され、季節ごとの行事、天候なども考慮して、保育者が子どもたちの成長・発達に留意しながら、目的と内容を設定して行われます。

ひとことに製作活動といっても、使われる材料や素材、何を道具として使うのかなどによって、保育者が配慮すべき点はさまざまです。もちろん、年齢によっても配慮すべき内容は変わります。

ポイントと予防

子どもが座る場所

　子どもたちが座る場所を決めることで、子どもが自分の場所を認識し、落ち着いて活動することにつながります。同時に、トイレなどで席を離れていることを把握しやすくなります。

用具や道具の不具合の確認

　製作活動で使われる用具や道具には、ハサミのように事故につながりやすいものもあります。鉛筆や絵の具の筆なども、持って走りまわったり、振りまわしたりすると、自分自身や他人を傷つけることにつながります。用具や道具を使うことは技術です。子どもの成長や発達段階を意識しながら正しい使い方を知り、慣れることが大切です。
　同時に、正しい使い方を知っていても、いろいろな使い方を試したくなるのが子どもです。ハサミで折り紙を切ることができると、折り紙より少し厚い画用紙を切ってみたいと思い、画用紙を切ることができるともっと違うものを切ってみたいと思います。次々とチャレンジすること、試すことは子どもの成長や発達にとって意義のあることですが、その程度を見極めることが保育者の重要な役割です。

一人ひとりの進行にも気を配りたいもの

十分な量の材料と数の把握

　素材や材料を子どもたちが取り合うことのないように、十分な量の材料を準備したいものです。子どもによって違う素材や違う色を選択するとき、特定の素材や色が足らないことで奪い合いになることが想定されます。また、木の実など小さな素材を使うときは、事前に数を把握し、適切に製作に用いられたかを確認できるようにしましょう。

万遍ない目配り

　製作の早さや道具を使う技術は子どもによって異なります。要領よくテキパキと進めることができる子どもがいれば、切ったり貼ったりすることが苦手で時間がかかる子どももいます。活動の時間には限りがあるので、保育者の注意はサポートが必要な子どもに偏りがちです。
　一人の子どもにていねいに向き合うことは大切ですが、活動を終えたり手持ち無沙汰にしている子どもなど、全体に対する注意を怠らないようにしましょう。

活動の種類による対応②
室内での設定保育（遊び）

POINT 1 子どもの行動を予測していますか？

POINT 2 子どもにとって無理のない活動ですか？

POINT 3 活動のための環境が整えられていますか？

解説

　設定保育として、保育室のなかで歌遊びやゲームなどを楽しむことも多いでしょう。自由遊びとは異なるため、活動の目的が設定されていることは当然ですが、どのような遊びやゲームをするのか、展開の仕方から終わり方まで、保育者の設定や予測のもとに行われます。

　保育者があらかじめ内容を組み立てることができる設定保育だからこそ、子どもたちが楽しく活動できる工夫を凝らすと同時に、道具の配置や子どもの活動場所など、安全な活動へとつながる事前の想定と配慮を欠かさないようにしましょう。

ポイントと予防

活動の内容の確認

　園での活動中、子どもの行動が保育者の予測の範囲に収まっていることが基本です。とりわけ保育者が計画を立てる設定保育では、あらかじめ子どもの行動を予測しながら展開することが可能です。それゆえに、子どもの成長発達の状態や特性に応じた活動の選択が大切です。

必要のないものは片づけておこう

発達や特性に応じた工夫が大切

不要な物を置かない

　活動を行う際の環境設定は、保育者の大切な役割です。活動の内容に合わせて、子どもが落ち着いて活動できるよう、保育者からも子どもたちの様子が把握しやすい配置に留意したいところです。

　また、子どもが集中して活動に取り組めるよう、活動に必要のないものは片づけましょう。

見守りや声かけの徹底

　園内のすべての活動にいえますが、一人ひとりの子どもに向き合うことを大切にしつつ、ほかの子どもにもしっかりと注意を払いましょう。特に、違うことをしたり、活動場所から離れたりする子どもに対しては、その行動に気を配ります。

特定の子どもに注意しつつ、全体を見渡せる視野を確保しよう

活動の種類による対応③
設定保育（園庭での活動）

POINT 1 活動の空間が確保されていますか？

POINT 2 クラスの子どもたちの居場所を把握できていますか？

POINT 3 ほかのクラスの活動のじゃまをしていませんか？

解説

　気候のよい季節や天気のよい日に、園庭などの屋外で活動することは、子どもにとって有意義な時間となるでしょう。春や秋の自然に触れたり、夏の水遊びなど、室内では体験できないことがたくさんあります。

　一方、園庭は年齢ごとに環境が整えられた保育室とは違い、多くの場合、すべての子どもの共有スペースになっています。そのため、複数のクラスが混在するなかでの活動になることもあり、年齢に応じた遊具が設置されているわけでもありません。それゆえに、保育者の環境設定や配慮が大切です。

ポイントと予防

子どもの自由と保育の設定

　設定保育はもちろん、自由遊びにおいても「子どもが自由に遊ぶ」ことと、子どもが自由に遊ぶために「保育者が子どもに制限を加えない」ことは意味が違います。特に園庭のような広い場所で、子どもに対して、好きな場所で自由に遊んでよいと投げかけることはあまりにもリスクを高めてしまいます。子どもが自由を感じ、好きな遊具や道具を使って思い思いに遊ぶことは大切ですが、それも保育者による設定があってこそです。

　設定保育では活動の目的や内容があるので、場所や道具・遊具を保育者が設定することは当然です。自由保育でも、保育者が子どもの選択する余地を残しながら遊ぶ範囲や使う道具・遊具を決め、そのなかでいかに子どもたちが「自由に遊んでいる」という気持ちにさせることができるか、また自由に遊びを選択できる状況をつくるかが保育者の技術といえるでしょう。少なくとも、子どもたちの活動や遊びが保育者の対応できる範囲を超えないようにすることが重要です。

活動空間の確保

　園庭は室内にくらべて広く、いろいろな遊具が設置されているため、子どもたちにとっては開放的であり、活動もより活発になります。これは子どもの活動にとって有効ですが、そのぶん死角になる場所も増えます。

　また、自分のクラス以外の子どもたちが遊んでいる場合もあります。園庭の広さやほかのクラスの子どもたちの様子などにも配慮しながら、活動の種類や範囲を考えましょう。

「自由に遊んでいる」という気持ちにさせることが大切

ほかのクラスに配慮した遊び方を

活動に適した服装

　走りまわったり、ジャングルジムや総合遊具を使うなど、園庭での活動は室内よりも多様な展開が可能で、子どもたちの活動量も多くなります。これが園庭での活動の魅力でもあります。そのぶん、子どもの服装にも気を配りましょう。

　活動や運動、気候に適した動きやすい服装であることはもちろん、走りやすく遊具などを上るときにも滑りにくい靴を用意しましょう。ひもやフード付きの服は遊具に絡まって重大な事故につながる可能性があるので、遊ぶ前に必ず確認します。

ひもやフード付きの洋服は特に注意が必要

固定遊具の不具合の確認

　高さのある遊具や、上るために大きな力がかかる遊具では、その遊具に不具合があると、転落する事故につながる可能性が高くなります。定期的な点検はもちろん、使う前にもネジの脱落やぐらつきなどがないか確認しましょう。

事前の点検を怠らずに

遊具使用時の安全対策

　高所からの転落は大きなリスクの一つです。鉄棒や雲梯（うんてい）など高さのある遊具を使って活動するとき、自分自身の体重を支えきれなかったり、手が滑るなどして転落することも予測されます。子どもが単独で使うことが危険と考えられる遊具については、単独で使わないルールをつくったり、使う際にも保育者が必ずサポートするとともに、万が一の転落に備えて、クッションになる

マットを下に敷くなどの対策をしておきましょう。

転倒・転落への備えを万全にしよう

固定遊具で遊ぶルールの徹底

おもちゃを持ったままジャングルジムに上らない、雲梯やジャングルジムになわ跳びをかけて遊ばない、なわ跳びを首にぶら下げたまますべり台で遊ばないなど、固定遊具で遊ぶときのルールを決めましょう。特に、なわ跳びなどひも状のものを持ったまま遊ぶときは注意が必要です。首に巻きついて窒息した例もあります。

クラスごとの子どもを把握する工夫

室内にくらべて園庭では、子どもの活動範囲が広がるため、保育者の視線が届きにくくなります。また、ほかのクラスの子どもも遊んでいると、担当するクラスの子どもであるかどうかの区別も難しくなります。保育者として、クラスにかかわらず子ども全体に注意を傾けることも大切ですが、まずは自分が担当する子どもの把握を優先させるべきでしょう。そのためには、複数のクラスの子どもたちが活動している最中でも、自分の担当している子どもを把握できるように、帽子の色を区別するなどの工夫をしましょう。

当然のこととして、活動が終わって室内に移動する際の人数確認は欠かせません。

クラスごとに帽子の色を変えるのが有効

散歩・移動

POINT 1 周辺の人や車の動きに気づいていますか？

POINT 2 集団がバラバラになりすぎていませんか？

POINT 3 保育者は周囲や子どもの状況に対応できるところにいますか？

解説

　遠足など行事として園の外に出る場合を除き、屋外での保育の場所としては園庭が中心です。しかし、園の近所を散歩することや、近隣の公園などに遊びに行くことも、保育活動の幅を広げるためには効果的です。

　また、園や地理的な事情によって、十分な広さの園庭が確保できない場合もあり、近隣の公園がのびのびと遊べる場になっていることもあるでしょう。

　その際、移動を含め、子どものためだけにつくられた環境ではない場所特有の危険にも留意することが求められます。

ポイントと予防

子どもの人数把握と報告

　園外に出る際には、引率する職員の人数や名前、連れていく子どもの人数、経路、目的地などを園長や副園長、あるいは主任保育者に報告しましょう。

　これは、園として子どものたちの活動を把握する責任を果たすためでもあり、万が一の事態が発生した際に、速やかに園全体で対応できる体制を備えておくためです。

必ず責任者に報告しておこう

連絡手段の確保

　園から一歩でも外に出るときは、いつでもどこでも連絡がとれる状態を確保しましょう。携帯電話を持参し、充電の状態も確認しておきます。

移動経路の確認

　一般の道路を歩く際には、経路を十分に吟味（ぎんみ）します。その際、最短距離よりも安全であることを優先しましょう。そして、つき添う保育者間で事前に経路、注意を要する場所などの情報を共有します。

子どもの年齢に適した移動用具

　箱型のベビーカーは、歩行が不安定な3歳未満児が散歩や移動する際には便利です。子どもが座った状態で使用するタイプや、立った状態で使うタイプなどがあります。

　しかし、定員を超えてベビーカーに乗せることや、ベビーカーの使用に適さない年齢の子どもを乗せるなど、使い方を誤ると転落などの恐れもあります。したがって、子どもの年齢や身長などに適したベビーカーを使うとともに、ベビーカーの規格も確認するようにしましょう。

使い方に注意しよう

保育者の位置

　園外を移動するとき、引率する保育者すべてが行き先や経路をあらかじめ知っていることが基本なので、主となる保育者が必ずしも先頭を歩く必要はありません。むしろ主となる保育者は、子どもの様子やほかの保育者の様子、車や一般の人の様子など、全体を見渡しながら状況にあわせた的確な判断や行動、ほかの保育者への指示ができる場所にいることのほうが大切です。

　複数の保育者が引率する場合は、先頭と最後に保育者が位置し、互いに声をかけあいながら連携を図るようにしましょう。

子どもたちを危険にさらさない位置どりが大切

状況に応じた判断

　道幅や道路の状況、階段や段差を越えるときなど、子ども同士が手をつないだほうがよい場合と離したほうがよい場合があります。歩く状況を考えながら、その都度判断しましょう。

状況に応じて子どもたちの歩き方も変えていこう

注意が必要な場所の把握

　道路や歩道を歩くとき、保育者は車が通る側にいるのが基本です。ただし、子どもが歩く側に溝がある、車の出入りのある駐車場の前など、道路の状況は常に同じではありません。子どもの行動や周囲の状況を把握しながら、柔軟かつ臨機応変に、立つ場所を考えるようにしましょう。

状況によっては溝の側にも

横断歩道や交差点での安全の確保

　横断歩道で信号を守ることは当然ですが、子どもが横断歩道を渡るときにも、保育者がどこに立つことが子どもたちにとって安全か考えましょう。基本的には、車から見えやすい場所、車の進行を妨げられるところに立つことが大切です。

地域住民への対応

　園の近隣の住民や、経路ですれ違う人々にあいさつをしながら歩いていますか。
　地域に開かれた園、地域に認知された園であるためには、日頃からのかかわりやあいさつが大切です。近隣の人々とあいさつを交わす関係を築いておくことは、防犯の面からも重要です。

保育者は車から見えやすい場所に立とう

Scene

公園

POINT 1
遠くに走っていった子どもを把握する工夫をしていますか？

POINT 2
遊具のリスクを把握していますか？

解説

　園庭とは違い、地域の公園や近隣の小学校の校庭は、広さや設置されている遊具のスケールが大きく、子どもにとって非常に魅力的な活動の場所です。

　少し無理をしないと上ることができないような遊具や、ぶら下がると地面に足が届かない鉄棒や雲梯(うんてい)も、子どもの挑戦意欲をかき立て、園では経験することができない貴重な体験となるでしょう。

　その反面、園に通う年齢の子どもだけのためにつくられた環境ではない点に留意しながら活動を考え、保育者が安全に配慮しながら子どもたちを見守ることが求められます。

ポイントと予防

人数確認の徹底

施錠させた門や塀に囲まれた園内とは異なり、園外では行動範囲に制限がなくなってしまうため、集団から外れてしまうのは重大な事態です。1人で迷子になって街中をさまよい歩くと、車をはじめ多くの危険にさらされることになります。保育者も子どもを探すことになりますが、範囲も広く、探し出すことは非常に困難になるでしょう。

園内にいる場合と同じく、移動前後の人数確認は必須ですが、園外では、より注意深い人数の確認と絶え間ない人数把握が必要です。そのためには、子どもの予期せぬ行動の予測に加え、保育者もいろいろな間違いや勘違いをすることを前提として、目視による人数確認だけでなく、声を出したり、触ったり、名簿と突き合わせながら確認するなど、間違いや勘違いが少なくなる手段を用いましょう。

健康状態の確認

子どもの体調は急に変化します。気温の高い季節はもちろん、少し長い距離を歩いたとき、当日に朝ごはんを食べていなかったなど、さまざまな要因が体調の変化につながります。さらに園外での活動では、子どもの気持ちが高ぶっているため、本人が異変に気づかないこともあります。保育者が子どもの変化に気づくことも大切ですが、変化があることを前提に、観察や声かけをしましょう。

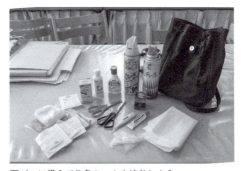
万が一に備えて救急セットを持参しよう

周辺環境の確認

周辺の環境の状況によって、保育者の配慮の程度や子どもへの注意の仕方が変化します。園外での活動を行う際、保育者はそれがどのような環境か、近くに子どもにと

確実な人数把握を徹底しよう

って危険な場所がないかなど、下見などをとおしてあらかじめ把握しましょう。保育者にとって初めて行く場所ということがないようにするべきです。

園児把握の方法

　公園では、地域の子どもなど、園以外の子どもたちが遊んでいることもあります。思いがけないトラブルを避けるために、ほかの子どもの遊びの迷惑にならないようにすることも大切ですし、さまざまな配慮をしようと思ったときに、園の子どもであるかどうかの区別もできるようにしなければなりません。

　遠くからでも園の子どもであることがわかるように、帽子や服装を統一するなどの工夫をしましょう。また、複数のクラス合同で遊ぶときには、帽子の色を変えるなどの工夫も必要です。

一目で園児とわかる工夫をしよう

保育者の見分けの工夫

　園のなかにいる大人は保育者を中心に、子どもにとって信頼できる大人です。しかし、園を一歩出ると知らない大人がたくさんいます。残念なことですが、すべての大人が子どもに対して良い大人とは限らないことも事実です。身近に信頼できる大人が寄り添っていることは、安心感につながります。

　逆に、安心できる大人が視界にいないことは、大きな不安でもあります。公園のような場所で、信頼できる大人である保育者が常に子どもの視界にいることが大切なのです。そのためにも、子どもが保育者から少し離れていても、すぐに保育者を確認できるような服装を意識しましょう。

ルールや約束事の徹底

　公園などにある遊具すべてが子どもたちにとって適切な遊具とは限りません。担当している子どもに適切であるかを保育者が判断して、使っていい遊具を決めましょう。

　また、すべり台や鉄棒など、公園にある遊具と園にある遊具は、似ていても、子どもたちにとっては違う遊具と感じるでしょう。遊具での遊び方、公園内での遊ぶ範囲など、遊ぶ前にはルールや約束事などをしっかりと伝えましょう。これは、公園で遊

ぶことへの高ぶった気持ちを落ち着かせる意味においても大切です。

ルールを決めておこう

確認ポイント
- 広い公園などでは、保育者の人数などに応じて子どもの遊ぶ範囲や遊具の種類を決めていますか？
- 遊具の対象年齢を想定して、子どもが遊ぶ遊具を選択していますか？
- 到着後、遊び方や当日使う遊具などのルールや約束事を子どもに伝えていますか？

周囲への目配り

　園内以上に、一般の公園では、いつ何が起きるかわかりません。子どもの思いがけない行動はもちろん、公園内にいるほかの子どもや大人の様子にも目を配りましょう。
　また、犬や鳥などの動物がいないかにも注意を向けましょう。思いがけず噛みつかれたり、襲われたりすることもあります。視界に入っている人や物を意識しておくことはもちろん、いざというときにもすぐに対応できる範囲で子どもが遊ぶようにしましょう。

確認ポイント
- 保育者が見渡すことができる範囲で子どもが遊んでいますか？
- 子どもがルールを守りながら遊んでいるかどうか、目を配っていますか？
- 不審者などにも目を配ることができていますか？

トイレ・手洗い場

POINT 2 いっせいに使って混乱しない配慮がされていますか？

POINT 1 床が滑らない工夫をしていますか？

解説

　トイレや手洗い場は、1日のなかで複数回利用します。園のなかで、かつ子どもが生活する空間のなかでは、水を使う数少ない場所です。人間にとって水は欠かせないものである一方、溺水や溺死といった大きな事故の原因にもなります。

　また、水まわりという性質上、ステンレスや陶器・磁器などの硬い素材が多く使われているのも特徴です。つまずきや転倒など些細な出来事でも、トイレでは重大な事故やけがに発展する可能性があります。このような特徴に留意しながら、子どもの使い方や保育者の配慮、環境の整備をしていきましょう。

ポイントと予防

トイレの規模と使用可能人数

クラスの子どもたちがいっせいに使って対応できる規模のトイレを備えている園はほとんどないでしょう。いっせいにトイレに行くと、3人または5人ずつ使用し、ほかの子どもは待っている状態になります。トイレのように狭い空間で多くの人数が活動すると、混乱が発生し、けんかや転倒などが起きやすくなります。

トイレの規模を考慮しながら、トイレに行く人数を調整し、必要以上に待つ人数を減らすなどの工夫をしましょう。

いっせいに使うことのない配慮を考えよう

トイレ環境の把握

トイレは水まわりという性質上、便器や流し台には、ステンレスや陶器など、水を通しにくく硬い素材が使われています。転倒して顔や頭を打つと大きなけがにつながる危険が大きい場所です。

また、水は生活にとって欠かせないものである反面、溺水・溺死の原因にもなります。溺水・溺死といえば、真っ先にプール遊びやお風呂での事故を思い浮かべますが、洗面台や洗面器、バケツにたまった水でも十分起こります。

ため水などをしないことを含め、トイレの環境には十分配慮しましょう。

水がたれていないか、たまっていないか確認しよう

確認ポイント

- 保育者がトイレの環境を把握し、子どもに正しい使い方を伝えていますか?
- スリッパが破損していませんか?
- 水などで床が滑りやすくなっていませんか?
- 個室トイレのドアの形状(開閉部分や蝶番)を把握していますか?
- 洗面台(流し台、手洗い器)に水がたまっていたり、水の入ったバケツなどが不用意に置かれていませんか?

トイレの扉

保育室の出入り口などにある扉と個室トイレの扉の形状はほぼ同じですが、周辺の環境や使われ方が違います。個室トイレは、それほど広くない空間内で、使用するたびに子ども自身で開け閉めします。混雑したなかで開け閉めが行われると扉にぶつかったり、蝶番などの開閉部で指をつめることになります。扉は軽い力による開閉であっても、テコの原理の関係で挟まれた部分には大きな力が加わり、骨折や切断にいたることもあります。

扉に、指の挟み込みを防止する加工が行われていることが望ましいですが、扉の開け閉めを行うときに周囲の状況に注意したり、勢いよく扉の開閉をしない扉の開閉部に不用意に指などを入れない、などの習慣を子ども自身が身につけられるようにしましょう。

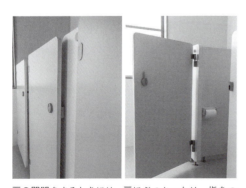

扉の開閉をするときには、扉にぶつかったり、指をつめたりしないよう、子どもに習慣づけよう

トイレ使用前後

排泄や手洗いは子どもの基本的な生活習慣であり、年齢が高くなると自分自身でできていることが多いため、保育者の意識が薄れがちです。基本的な生活習慣として、排泄や自分で手を洗うことができても、トイレ内で転倒したり、何かのきっかけで溺水・溺死にいたる事故が起こることもあります。

転倒での打撲や溺水・溺死など、事故が起きたときに重大な結果につながりやすいトイレでは、子どもの行動や様子をしっかり見守るようにしましょう。

「自分でできているから」と目を離さないようにしよう

タオル掛けフックの形状

園では子どもそれぞれのタオルが掛けられるように、タオル台や壁掛けのフックなどを設置していることが多いでしょう。フックがむき出しになっている形状のもので

は、衣服が絡んで転倒につながったり、フックで頭を打って思わぬけがにつながることもあります。必要のないときはタオル台を片づける習慣や、むき出しのフックであれば交換するなどの配慮も必要です。

触ったり、場合によっては口に入れることもあります。誤飲の危険性のある洗剤や消毒は子どもの手の届かないところに置くようにし、扉付きの収納スペースには、鍵をかけるようにしましょう。

トイレ・手洗い場

鍵は子どもの手が届かない場所に

片づけ可能なタオル掛け（上）と、むき出しのフック（下）

掃除用具への配慮

トイレ内には掃除用具や洗剤、消毒などが置かれていることが多いことでしょう。毎日掃除をするため、トイレ内に置き場所を作るほうが、利便性の面から現実的かもしれません。

しかし、子どもは興味あるものは何でも

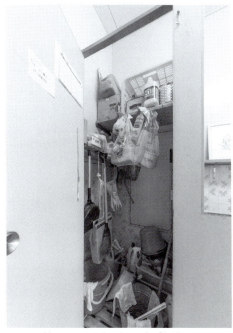

子どもに触れさせたくないものは必ず収納しよう

Scene

昼食

POINT 1
当日の献立と、それにまつわるリスクを把握していますか?

POINT 2
食事において配慮が必要な子どもを把握していますか?

解説

　給食やお母さんが作ったお弁当を友だちと一緒に食べる時間は、子どもにとって大きな楽しみの一つです。

　一方で、食べ物が原因となる誤嚥(ごえん)や、アレルギーをもつ子どもへの対応など、食事中においても、子どもの安全を守るために保育者が配慮すべき点は数多くあります。

　特に誤嚥やアレルギーをもつ子どもへの誤配や誤食・誤飲は、死亡や後遺障害につながるような重大事故に直結する可能性があるため、保育者による未然の予防や配慮が欠かせません。

ポイントと予防

食材や提供方法の配慮

ピーナッツなどのナッツ類は3歳くらいまでは与えないようにする、ブドウやプチトマトは切った状態で提供するなど、給食で誤嚥や窒息を予防するための配慮は数多くあります。その一つが、食材や提供方法での配慮です。

ピーナッツやブドウ、プチトマトを例に出しましたが、もちろんそれだけではありません。誤嚥や窒息につながりかねない食べ物として、こんにゃくゼリーや白玉団子、ソーセージ、ちくわ、もち、のり、りんご、もやし、肉、パン、ご飯など、あげるとキリがありません。

ブドウやプチトマト、白玉団子のように、ニュースなどで比較的知られているものもあれば、パンやご飯といったものまであります。

食材が大きいこと、食材が硬いこと、食材が丸や球状の噛みにくい形状、食材の表面が滑りやすく噛みにくいこと、繊維質が多く噛み切りにくい食材、粘度が高く気道（のど）に詰まりやすい食材、球状や断面が円（丸）で気道を塞ぎやすい食材などは、咀嚼や嚥下機能、口腔状態が未成熟な子どもにとって、誤嚥や窒息のリスクを高くします。

制度上の規定がある場合は別として、園内でどのような食材を選択し、提供するかは園に委ねられています。経験や過去の事例から、プチトマトやブドウなどの個別の食品に対して注意を向けることも大切ですが、子ども一人ひとりの食べる機能や能力、食材の状態に目を向けて対応することも必要です。

すべての食材を給食から取り除くことは不可能ですが、リスクと必要性を考慮して、窒息しやすいナッツ類や白玉団子は、給食として提供しないなどの対策も検討する必要もあるでしょう。

そのためには、献立を立てる段階や調理の段階からの対策が肝心であり、担当する栄養士や調理師との連携も大切です。

食材や提供方法を関係職種と連携・検討しよう

確認ポイント

● 誤嚥しやすい食材、窒息につながりやすい食材に気づくことができていますか？

- 子どもに提供するときに、誤嚥しやすい形状になっていないか確認していますか
- 年齢にあわせた食材選びや調理の仕方など、調理師や栄養士と連携がとれていますか

お弁当の確認事項

　保護者が同伴しない遠足やお弁当の日など、給食ではなく家庭から持ってきたお弁当を食べる機会もあるでしょう。

　園で提供される給食では、調理を担当する職員が食材や調理方法に配慮していますが、子どもたちが家庭から持ってきたお弁当は、必ずしも園と同様の配慮がなされているとは限りません。そこで、誤嚥や窒息などにつながりそうなものは、食べる前に保育者が少し切るなどの対応をしましょう。

確認ポイント
- お弁当の中の食材や調理の仕方を確認し、必要に応じて切るなどの手を加えていますか？
- 子どもがお弁当に入っている楊枝やしょう油さしなどを口に入れていないか把握し、必要に応じて取り除くなどしていますか？

食べ方の確認

　食事における誤嚥や窒息を予防するためのもう一つの対策は、食べ方です。よく噛んで食べる、一度にたくさん口に入れない、姿勢よく食べる、食べている最中にしゃべらない、水分をとりながら食べるなど、食べ方の習慣を身につけるようにするとともに、落ち着いて食べることができる環境をつくることや声かけをすることが、大きな事故を防ぎます。

確認ポイント
- よく噛んで食べているかを見守り、必要に応じて声をかけていますか？
- 子どもが一度に多くの食べ物を口に入れていないかを把握し、必要に応じて声をかけていますか？
- 子どもが食べているときの姿勢に気を配り、必要に応じて声をかけていますか？

お弁当の際は特に注意が必要

- 口の中に食べ物が入っているときに、しゃべらないように声をかけていますか？
- 口の中に食べ物が入っているときに遊んだり、歩いたりしないよう声をかけていますか？
- 子どもが水分をとりながら食べていることを把握し、必要に応じて声かけができていますか？
- 泣いたり笑ったりしているときには、食べることをやめるように促していますか？
- 子どもが落ち着いて食べられる環境づくりができていますか？
- 年齢や子どもの特性に応じた食事の仕方、援助の仕方を理解し、実行できていますか？

る事故として、スプーンやフォーク、箸で人を突いたり、自分の口や喉を突くことがあります。食べるときにフォークや箸をふりまわさないこと、手に持ったり、口にくわえたまま歩いたり走ったりしないことなど、正しく食器具を使う習慣も身につけさせましょう。

確認ポイント

- 給食を食べる際、子ども同士の距離が近すぎていませんか？
- フォークは、先が丸い子ども用を使っていますか？
- 箸やフォークを振りまわしているときは、声をかけていますか？
- 食事中、トイレに行くなど、席を離れるときに箸やフォークなどを持ち歩かないようにしていますか？

食べ方にも気を配ろう

食器具の使い方

誤嚥や窒息以外にも、給食中に起こりう

スプーンやフォークが口の中に刺さる事故はよく報告される

歯みがき

POINT 1 立ったり歩いたりしながらみがいていませんか？

POINT 2 落ち着いた環境を提供していますか？

解説

　乳歯が生え出す6か月頃から歯みがきが始まり、徐々に自分でみがくようになります。乳児は自分でみがくことができないので、保護者や保育者がみがきます。

　歯みがきは生活習慣の一つなので、最初は口のまわりや口の中に歯ブラシが入るのに慣れることから始まり、身体の成長発達とともに歯みがきの自立へと導いていきます。年齢に応じて歯みがきの方法も変わり、保育者の配慮も変化します。

　保育者が歯をみがく時期は「寝かせみがき」「立たせ後ろみがき」などを理解し、歯みがきが自立した後は、子ども自身がみがくリスクを把握します。

ポイントと予防

保育者が**子どもの歯をみがくとき**

保育者が子どもの歯をみがくときは、子どもが慣れるように、不快に感じないように心がけることが大切です。そのためには、口腔内を傷つけないように優しくみがくこと、唾液を誤嚥しない配慮をしましょう。

最初はみがく様子にも配慮しよう

確認ポイント

- 口の中が見えやすく、頭が固定される姿勢でみがいていますか
- 歯みがき粉（ペースト）は子ども用を使っていますか（大人用では刺激が強い。場合によって歯みがき粉は使わなくてもよい）
- みがいている最中、口の中の唾液のたまり方や量を把握していますか

子どもが**自分で歯みがきをするとき**

子どもが自分で歯をみがくときに最も気をつけたいのが、歯ブラシによる事故です。歯ブラシをくわえたまま歩いて転倒したり、人にぶつかったりして、歯ブラシが口の中やのどに刺さるといった出来事です。歯みがき中は歩いたり、走ったりしないように声をかけることはもちろん、ほかの子どもとぶつからないような環境を整えることも必要です。

歯ブラシの事故予防に細心の注意を払おう

確認ポイント

- 歯みがき粉（ペースト）は子ども用を使っていますか？
- 歯みがき粉（ペースト）は保育者がつけていますか？
- 歯ブラシをくわえたり持ったまま、歩きまわったり、走ったりしていませんか？
- 落ち着いた状態や姿勢で歯みがきができる環境を整えていますか？

Scene

午睡

POINT 1 呼吸だけでなく、全身の状態を確認していますか？

POINT 2 うつ伏せになっている子どもはいませんか？

POINT 3 子どもに直接触れながら確認していますか？

POINT 4 室温は適切ですか？

解説

　乳児期では11時間から13時間、幼児期では11時間から12時間の睡眠が必要といわれています。早寝早起きの生活習慣を通して睡眠をとることも大切ですが、夜の睡眠だけで十分な睡眠時間を確保することは難しいでしょう。

　3歳未満児はもちろん、3歳以上児でも、日中の活動量が増えてくるため、夏の暑い時期などは午睡でしっかりと休息をとることが大切です。午睡を含む睡眠中は、乳幼児突然死症候群（SIDS:Sudden Infant Death Syndrome）や窒息に対する予防、安全に睡眠できる環境をつくることが求められます。

ポイントと予防

ベッド柵の確認

　ベビーベッドを使っているときは、確実に柵を上げるようにします。起きているときはもちろんですが、寝ているときでも柵を上げている状態にしましょう。

　保育者が気づかないうちに子どもが起きて、ベビーベッドから転落することがあります。万が一の転落を想定し、ベビーベッドの下には衝撃が吸収されるよう、じゅうたんやマットを敷くようにしましょう。

可能性もあります。布団も硬めのものを使い、枕も必要ありません。

ベッド内の環境に配慮しよう

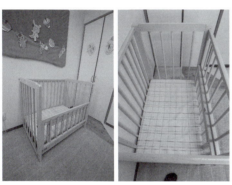

使用中、ベビーベッドの柵は常に上げておこう

ベッド内の環境

　ベビーベッドとマットのサイズが合っていないと、柵とマットの間に隙間ができてしまいます。まだ寝返りの打てない乳児が挟まったまま動けず、窒息などにつながる

周辺環境への配慮

　ベビーベッド周辺にブラインドのヒモやカーテンなどが垂れ下がっていませんか。子どもがヒモをつかんでベビーベッドから転落したり、宙吊りになることがあります。

　また、子どもが寝ている周辺には、おもちゃやぬいぐるみ、タオルなどを置かないようにしましょう。

適切な空間の確保

　乳児や3歳未満児では、床に布団を敷いて寝ることもあれば、ベビーベッドを使うこともあり、睡眠のための環境はさまざまでしょう。この年齢の子どもは危険を察知する能力や知識が未熟なため、保育者が積極的に安全を確保する必要があります。寝

返りができるか、つかまり立ちができるかなど、子どもの発達状態に応じて環境のつくり方や配慮を変化させていかなければなりません。子どもが寝返りをうっても、隣で寝ている子どもに覆いかぶさる状態にならないよう、適切な間隔やスペースを設けましょう。

子ども同士の距離感にも気を取ろう

窒息への配慮

睡眠時に顔や頭に布団や毛布、タオルなどが被さることによって窒息する危険性があります。必ず布団などから顔が出ている状態で寝かせましょう。

口の中の確認

口の中に食べ物などが入ったまま寝ると、誤嚥や窒息の原因になります。乳児では、食べ物以外のおもちゃなどの異物も口に入れていないか確認しましょう。

午睡チェック

0歳児では5分おき、1歳児では10分おき、2歳児でも15分おきに睡眠中の呼吸の状態を、いわゆる午睡チェック（睡眠チェック）として記録することが勧められています。その際、呼吸だけではなく、体温や顔色、反応などの全身状態を、触れながら確認することが大切です。

全身状態を確認しよう

うつ伏せ寝への対応

うつ伏せ寝は乳幼児突然死症候群の危険因子の一つとされています。医学上の理由でうつぶせ寝を勧められている場合を除き、午睡チェック時はもちろん、うつ伏せで寝ていることに気がついたときには、速やかに仰向けの状態にしましょう。

全身状況の把握

普段は衣服を身につけているため、着替えは子どもの全身の状態を把握することができる数少ない機会です。皮膚の異常やけがなどがないか確認しましょう。

> **ワーク** リスクの「気づき」を高める

5. 給食

写真は、3歳未満児の給食の様子です。

①給食時のリスクを考えてみましょう。

②給食を食べる際に、保育者は子どものどのような様子に目を向ける必要があると思いますか？

Scene　おやつの時間

POINT 1 誤嚥や窒息につながりやすいおやつを提供していませんか？

POINT 2 子どもの食べる速度にあわせて援助や声かけができていますか？

解説

　おやつの時間は、子どもたちにとっての楽しみの一つです。しかし、給食と同様、食べるという活動には、誤嚥や窒息のリスクが伴います。

　特におやつは、給食よりも子どもたちが好きな食べ物が多く提供されるため、ゆっくり食べることや水分をとりながら食べることが抜け落ちやすくなります。

　子どもたちの食べ方や、おやつとして出された食品の特性を把握しながら、適切な配慮や声かけを行い、楽しい時間を過ごせるようにしましょう。

ポイントと予防

誤嚥や窒息につながりやすい食べ物の確認

　子どもの誤嚥や窒息の要因として、食べ物の形状や特性が挙げられます。たとえば、ピーナッツなどのナッツ類やアメ玉、ブドウなどの球状のものや、ソーセージやバナナのように断面が丸状になるもの、白玉団子やこんにゃくゼリーのように粘性や弾力性があるものなどが代表例です。ほかにも、のりやウエハースなど口やのどに張りつきやすいものも注意が必要です。

　すべての食品を取り除くことは難しいですが、子どもの発達段階や過去の事例などを参考に、提供段階で小さくきざむなどの工夫や、提供しないことも検討しましょう。

　また、乳児や3歳未満児ではベビー用おやつを提供することも少なくないでしょう。ベビー用おやつにはさまざまな種類があり、子どもの口腔状態や栄養面などに配慮されたものになっていますが、「ベビー用おやつ」=「子どもが安全に食べることができる」ではありません。実際に、ベビー用おやつによる窒息例もあり、提供の仕方や食べ方、子どもが食べている際の大人の注意が必要です。

噛むことの確認

　よく噛みながら食べることは、栄養の吸収だけでなく、食べ物による窒息を防ぐためにも重要です。おやつでは、子どもの好きなお菓子が提供されるため、勢いよく食べてしまうことがありますが、ゆっくりとよく噛んで食べる習慣を身につけるようにしましょう。

ゆっくりとよく噛んで食べるように促そう

水分摂取

　スポンジケーキやウエハース、ソフトせんべいなど、お菓子には水分の少ないものが多くあります。水分をとらずに食べてしまうと、口の中や喉に張りついて窒息につながることがあります。子どもがしっかりと水分をとりながら食べているか確認しながら、必要に応じて援助や声かけをしましょう。

降園

POINT 2
子どもの身体状態を把握していますか？

POINT 1
子どもの気持ちを落ち着かせる配慮がなされていますか？

解説

　園での1日が終わり、お父さんやお母さんが迎えに来るのは、子どもにとってうれしい瞬間です。保育者も、朝迎えた状態のままで保護者の元に送り帰すことは、1日を無事に過ごせたと安心できる場面です。

　降園は、1日の終わりであるとともに、翌日の保育につなげていくための引き継ぎでもあります。その日の食事や排泄、睡眠などの様子とあわせて、けがをしたときには当時の状況や処置の様子など詳細に伝えましょう。また、登園時と同様に、駐車場などでの車への注意や、降園後の園庭での遊び方の注意も怠らないようにしましょう。

ポイントと予防

子どもの気持ちが落ち着く配慮

お父さんやお母さんが迎えに来るのは、子どもにとってうれしい瞬間です。気分も盛り上がるでしょう。迎えの後に、保育者の手から離れて園庭で遊んだり、保護者と一緒に帰ったりするからこそ、遊び方や道路の歩き方のルールを伝え、約束するなど、子どもの気持ちが落ち着くようにしたいものです。

子どもの身体状態の把握

どんな些細なきずでも、保育中にできたきずや身体の変化は保護者に伝えましょう。それは子どもを保育する保育者の責任という意味だけでなく、些細な変化も見逃さずに子ども

帰り支度のときは、子どもの状態を必ず確認しよう

のことをしっかりと見ていることを保護者に示す面もあります。この積み重ねが、保護者との信頼関係につながります。

これらを実行するためには、日中、子どもの行動や様子を把握すると同時に、帰り支度をする際にも視診、触診で子どもの身体状況を確認することが必要です。

降園後の園庭での遊び

保育中であれば、保育者が子どもの遊ぶ遊具を選び、遊んでいる最中も危険を察しながら子どもに付き添い、見守っています。しかし、保護者のお迎えの後は、子どもが自由に遊具を選んで遊ぶことができます。

保護者同士が立ち話をしていると、なおさら大人の目が届かい状態になります。子どもの発達状況や各年齢にとって適切な遊具、遊ぶことに伴うリスクをいちばん把握しているのは保育者です。保護者が迎えに来た後でも、子どもに危険がおよびそうなときには、ためらわずに声をかけましょう。

園外への飛び出し

帰りの時間は子どもの気持ちが高ぶっています。お父さんやお母さんと一緒に帰ることが楽しいあまり、保護者より先に走って、園の門から飛び出すこともありえます。保護者と手をつないで歩くことを啓発しましょう。

門から出るときは、大きなリスクが想定される

異年齢保育・延長保育

POINT 1
間食について、アレルギーなどの配慮を把握していますか？

POINT 2
一人ひとりの状態を把握していますか？

解説

　お迎えのピークの時間が過ぎ、徐々に子どもの人数が少なくなっていくと、日中のクラス単位の集団から、異年齢の集団へと移行していくことが多いでしょう。朝の時間帯と同様に、子どもや保育者の人数が不安定になる時間帯では、状況にあわせた配慮や注意が必要になります。

　なかでも朝の時間帯との大きな違いは、1日を過ごして子どもも疲れていること、そしておやつなどの間食を提供する場面があることです。特に、担当ではない保育者が食事を提供する際、アレルギーのある子どもへの配慮は欠かせません。

ポイントと予防

アレルギーのある子どもへの配慮

　延長保育の時間帯では、間食もしくは夕食を提供する場合があります。そして、アレルギーのある子どもへの誤配や誤食が多いのが、延長保育の時間帯です。

　昼食やおやつのようにクラス単位で食事をする場合は、担当の保育者がかかわることが多いため、アレルギーのある子どもへの配慮もされやすいですが、子どもや保育者が流動的な延長保育の時間帯では、子どもにアレルギーがあることを知らずに提供することが起こりやすくなります。

　アレルギーのある子どもへの対応は、ルールづくりとルールの遵守が基本です。複数のチェックを経ながら、誰がかかわっても間違いが起こらないルールをつくり、確実にそのルールを守ることが求められます。

夕方の異年齢保育

　1日を全力で過ごした子どもたちは、夕方にはたくさんの疲労がたまっていることでしょう。しかし、子どもによって疲れ方は異なります。疲れて眠くなっている子どももいれば、まだまだ遊びたいと思っている子どももいるでしょう。それぞれの子どもの様子を見ながら、活動や遊びの種類を工夫していきましょう。

一人ひとりの子どもにあわせた遊びの工夫を

延長保育の食事では、アレルギーのある子どもへの対応が大切

閉園作業

POINT 1
翌日スムーズに保育ができる片づけを意識していますか？

POINT 2
決まられた場所に片付けていますか？

解説

　すべての子どもが降園すると、ようやく長かった1日も終わります。後片づけをして、戸締り、施錠、閉園となります。日々を確実に終えたことを確認する意味において、そして翌日の新たな1日をスムーズに始めるために、その日に使った道具や遊具を元の位置に戻しておくことが大切です。

　また、夜間、誰もいない保育園は無防備になるため、チェックリストなどを活用して漏れのないように戸締りや火の元の確認ができるように工夫しましょう。加えて、朝の保育を想定したとき、翌日の準備をしておくこともスムーズな保育の始まりにつながります。

ポイントと予防

置き場所の確認

1日の保育が終わったときの、生活用品、道具、おもちゃなど、すべての物の置き場所を決めておくことが大切です。これは、数の確認や紛失などの把握をしやすくすると同時に、翌日最初に出勤した保育者が異変などに気づきやすくするためです。

このように、平常の状態を決めておくことが小さな変化や異常への気づきにつながります。

戸締りの順序・項目の共有

戸締りなどを行う保育者は、毎日同じ人間ではないでしょう。保育園内全体の戸締りや電気の消灯、水道の閉栓など、閉園のための見まわり項目を羅列すると、実は多くの確認項目が上がります。

これらを記憶に頼って行うと、保育者による確認のバラつきが生じ、結果的に安全・防犯上の問題へと発展することが予想されます。

日常的に変化することなく行うことについては、チェックリストによる確認も効果的です。

記憶に頼る確認はミスが生じやすい

翌日の保育への備え

保育は毎日の営みです。その日を充実させること、無事に1日を完結させることも大切ですが、1日ですべてが終わるわけではなく、翌日にはまた新たな1日が始まり

翌朝の出勤者が異変に気づきやすい工夫を考えよう

ます。閉園前の保育園内の整理整頓や見まわり、確認も、翌日を安全に過ごすために行われることを意識したいものです。

その一環として、翌日の朝の保育を想定して、スムーズに保育を始めることができるように準備しておくことも効果的です。

早朝の保育者が少ない時間帯の保育の準備をしておくことで、保育者が慌てることなく子どもに向き合うことができるでしょう。

翌朝の環境を整えておくことも、保育者としての心配り

第3章

災害への
リスクマネジメント

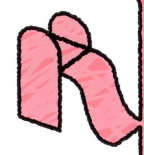

園の防災対策は、日々の防災（避難）訓練に加えて、
実際に起こったとき、いかに冷静な対応をとるかが
大切です。

災害と園

園への影響は？

　災害と聞いて何を想像しますか。最近では、やはり地震を思い浮かべることが多いのではないでしょうか。2011年3月11日の東日本大震災は、私たちにとって忘れることのできない大きな衝撃をもたらしました。それ以前にも、阪神・淡路大震災や新潟県中越地震、最近では熊本地震でもかけがえのない多くの命が失われており、日本全国、いつどこで大きな地震が起きても不思議ではない状況です。

　このように地震は日本での代表的な災害といえますが、私たちの生活を脅かす災害はほかにもあります。災害は自然災害と人為的災害とに区別されますが、前者は台風や大雨などの自然現象による河川の氾濫や洪水・浸水、さらに風水害や土砂災害などを指し、後者は火の不始末による火災など人が原因の災害を指します。

　いずれにしても、災害は私たちの生活に大きな脅威をもたらします。万が一、園が開園している最中に災害が発生すると、子どもたちが危険にさらされ、犠牲になってしまうことも考えられます。海や河川が近い、裏に山がある、密集した住宅地のなかにあって避難経路が狭いなど、園の所在する場所や地理的環境によって、想定される被害はさまざまです。それぞれの園の置かれている環境をしっかりと把握したうえで、園として、また保育者として、いかなる状況においても子どもを守るために、災害に対し

て適切に対応できる状態を整えておく必要があります。

保育者に求められること

　大きな災害そのものは、何年あるいは何十年に一回しか起こらないかもしれない出来事ですが、災害による被害の重大性を考えると、いつでも対応できるように備えておく必要があります。東日本大震災を始めとして、近年私たちは度重なる自然災害を経験し、そのなかで数多くの「想定外」を経験しています。人為的災害はもちろん、特に自然災害では私たちの想像もおよばない事態が発生しますが、過去の経験をもとに少しでも「想定外」を減らしていくことが、災害の対応として大切です。

　災害時には、保育者の的確な判断と行動が求められます。そのときに保育者の拠り所となるのが、園に備えられている対応マニュアルや、日頃行われる避難訓練や防災訓練です。

　あらかじめ保育者一人ひとりが何をしなければならないかを理解し、避難経路や避難場所を把握しておくことが、災害時の適切な判断や行動に結びつきます。少なくとも、日頃の避難訓練を怠っていたり、園に備えられている対応マニュアルに一度も目を通したことがない状態では、とても子どもの命を守ることはできません。

　さらに、地震などの突発的かつ極限の事態に陥りやすい災害時には、日頃の訓練どおりに行動することや、誰かが的確な指示を出しながら子どもたちの集団を誘導することすら難しいと思います。そのような状況下においては、日頃の訓練で培った災害対応の技能で、保育者や職員一人ひとりができること（人数確認や子どもたちの誘導など）をした後、避難場所などで、それぞれの保育者の行動や情報を集約することも想定されます。日頃の訓練やマニュアルの整備など、事前の備えとしてできることは確実に果たしたうえで、最終的に頼りになるのは、保育者一人ひとりの「子どもを守りたい」という強い使命感です。

日常の災害対策

　災害への対策として、マニュアルの整備や日常の避難訓練など、いわゆる「備え」としてあらかじめ準備できることは数多くあります。災害への対応は、最終的にはその場での適切な判断に委ねられることが多いのも事実ですが、日常のなかにおける十分な備えが、災害発生時の適切な対応ができるかどうかの分かれ道でもあります。

①対応マニュアルの整備

　まずは、火災や地震、風水害など、起こりうる事態に備えてマニュアルを整備しておきましょう。
　マニュアルを備えるということは、起こりうる事態を「想定している」ということです。どのようなときに、どのような判断をしなければならないかの基準をつくることでもあります。園長をはじめそれぞれの保育者がどのような行動をとるべきかをあらかじめ決めておくことは、想定の範囲外の出来事を減らすことにもつながります。心に余裕をもち、適切な判断を維持することにも役立ちます。
　人間は、平時であれば問題なくできることでも、非常時や緊急時では的確な判断が行えず、忘れたり、間違えたり、不適切な行動をとってしまうことがあります。マニュアルの整備は、そのような混乱による間違いなどを防ぐことにもつながります。

マニュアルを整備・運用していく際には、次の点に留意しましょう。

留意点① **運用しやすいものであること**

マニュアルの整備にあたっては、具体的かつ活用可能なものであることに留意しましょう。

どのような災害に対するマニュアルかにもよりますが、記載される内容は現実的であることが肝心で、いざというときに手に取って確認できるようにしておくことが必要です。保育者の判断や行動、チェック項目だけを簡便に表したものを、いつでも見ることができるようにしておくことも方法です（**図3-1、p.114**）。

いずれにしても、災害時に有効に活用できるよう整備しておくことが大切です。

留意点② **保育者主体のマニュアル**

園で備えたマニュアルによる行為・行動の主体は、保育者であり大人です。それを子どもに適用させることには意味がありません。子どもがマニュアルどおりに動かずに災害の被害者になっても、「子どもたちがマニュアルどおりに動いてくれなかった」という言い訳は通用しません。

そのため園では、子どもの行動を見すえたマニュアルづくりを意識することが大切です。

留意点③ **内容の共通理解**

子どもや保育者の人数、活動をする場所などが常に一定ではない園では、保育者一人ひとりが災害時における自分自身の役割や行動だけを知っておけば十分というわけにはいきません。自身に課せられている役割を果たすことは当然として、子どもやほかの保育者の状況を見ながら、柔軟に対応していくことが求められます。そのためには、災害時の自分自身の役割や行動だけでなく、ほかの保育者や園全体としての対応を把握しておくこと

図 3-1　災害時の動きが一目でわかるフローチャート（地震・津波）の例

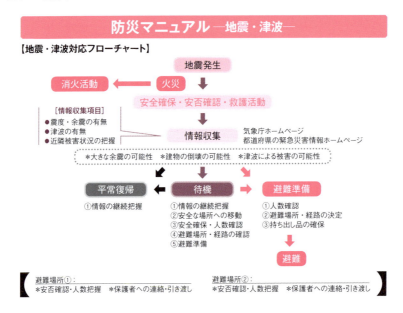

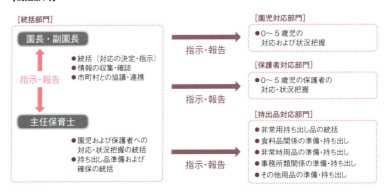

が大切です。

　マニュアルは、どのような状況で、どのような判断をするのかの共通理解ができるのはもちろん、個々の保育者がそれぞれどのような役割を担っているかも整理できます。マニュアルが整備されることによって、保育者をはじめ園内のすべての職員が、ほかの職員の役割についても共通理解することが可能になります。もちろん、マニュアルがあることだけで共通理解ができるわけではないので、マニュアルの回覧や書かれている内容を周知するための園内研修なども必要です。

　しかし、災害の対応マニュアルが備わっていれば子どもの命を完全に守ることができるというわけではありません。その理由は、マニュアルはあくまでもマニュアルであり、活用するのは保育者だからです。

　どんなによいマニュアルをつくっても、保育者が活用しなければ何の意味もありません。場合や状況によっては、マニュアルと違った行動を選択したことが、結果として子どもの命を守ることにつながった例もあります。だからといって、マニュアルでは細かな点まで整備しなくてもよいかというと、それは間違いです。マニュアルがあったことによって守られる命があることも事実です。

　大切なのは、園として、また保育者として使命を果たすためには、あらゆる手段を尽くすことが必要で、マニュアルを備えておくこともその一つということです。

②避難訓練

　マニュアルの整備が災害を想定することにつながることを述べましたが、園内の状況は、季節や天候、時間帯によってもさまざまで常に変化しています。これら多様な状況すべてに対応したマニュアルを整備することは現実的ではありません。

　そこで有効になるのが避難訓練です。避難訓練では実際の場面を想定し

ながら行われるため、さまざまな状況を想定することに役立ちます。また、マニュアルには盛り込めない詳細な内容や動き方の把握、マニュアル上では理解しづらいこと、具体的な行動の仕方を知る貴重な機会になります。

　ただし、避難訓練も漫然と行っては効果も弱いため、以下の事柄に留意しましょう。

避難訓練の留意点① **誰のための訓練かを理解する**

　子どもが災害の恐ろしさや自分自身の身を守ることを学ぶ機会として、避難訓練を行うことには十分な意味があります。しかし、それ以上に、保育者の災害時の対応スキルを養う場として避難訓練を活用したいものです。

　保育の状態や子どもの動きは常に一定ではなく、災害の状況によっては保育者の臨機応変な対応が求められます。子どもを守るために保育者がどのような行動をとるべきか、また、避難訓練を通して現在整備されているマニュアルが十分な効果を発揮しているか、マニュアルに問題点はないかなどをふり返り、マニュアルを改善していくための機会としても活用しましょう。

避難訓練の留意点② **さまざまな状況の中で実施する**

　たとえば、毎回同じ状況での避難訓練で、園庭に避難するまでに何分何十秒かかったかを測ることだけに終始することに大きな意味はないでしょう。子どもにとっては、くり返し訓練を行うことが大切なので、日々の訓練などを通して、災害時には静かに行動する、保育者の言うことを聞くなどの姿勢を身につけることは大切です。

　しかし、前述したように、保育の状態や子どもの状況は常に一定ではありません。避難訓練を保育者の災害時の対応能力を養う機会であるとすれば、さまざまな状況のなかで避難訓練を実施するほうが、より高い効果を見込めるでしょう。また、避難訓練にさまざまな場面や状況を組み合わせることで、マニュアルでは整備しきれない側面を補うことも可能になりま

す。
　以下、想定される場面や状況を挙げてみます。
- 災害の種類（火災、地震、津波、風水害など）
- 活動の場所（保育室、園庭、園外など）
- 天候（晴れ、雨、雪、暑い日、寒い日）
- 活動の種類（遊び中、食事中、睡眠中、延長保育中）
- 時間帯
- 子どもや保育者の人数
- 災害や被害の程度

③保育環境の整備

　災害はいつ襲ってくるかわからないからこそ、保育環境でも日頃の備えを万全にしておきたいものです。
　非常食の点検や避難時持ち出し品の確認はもちろん、避難経路の確保など、平常時はさほど意識していなくても、いざ災害が発生したときに速やかに準備・行動できるように備えておきましょう。火災が発生した後で、避難経路を確保するために家具などを移動するのでは、手遅れになります。
　また、地震などに備えて、高さのある家具や高い場所に家電や重いものを置かないようにする、棚やロッカー、テレビなど転倒しそうなものは転倒防止具などで固定するようにしましょう。

④地域とのかかわり

　東日本大震災を経験した園の先生から、「近所の人々が子どもの避難の手助けをしてくれたので、子どもたち全員を守ることができた」「避難しているとき、近所の人が衣類や食料を提供してくれた」「地震の直後、近所の人が園を心配して、いち早く駆けつけてくれたことが心強かった」な

どの声がありました。いざというとき、地域や近隣住民の支えがあることはとても大きな支えになります。

　日頃から地域との関係を築いておくことが、結果として子どもたちを守るための大きな力になることを意識しましょう。これは地震に限ったことではなく、災害全般や防犯でも同様であり、日常の保育でもいえることです。

火災への備え

　火災は、私たちの生活で比較的身近に起こりうる災害の一つといえるでしょう。園内が出火元になる場合もあれば、近隣からの延焼もありえます。その際に最も優先させるべきは、子どもの安全な場所への避難であることはいうまでもありません。

　加えて、火災への備えとして、次の事柄が挙げられます。

- 平時での自動火災報知設備や火災通報装置の確認
- すべての保育者が火災時に備え、通報や避難、初期消火を適切に行えるようにしておく
- さまざまな出火元を想定した避難経路の確認
- 園設備や家具などは、できる限り難燃性や不燃性の高いものを使う

　総務省消防庁の「社会福祉施設等における火災対策について」（2014年7月）では、火災時に確保すべき避難時間の基本となる時間を3分間としています。火災のような一刻を争う状況のなかで、配置基準上の保育者だけですべての子どもたちを避難させなければならないことを考慮すると、保育者の迅速かつ適切な対応と連携が必要になります。

地震・津波への備え：東日本大震災からの教訓

　東日本大震災は宮城県から岩手県にかけて甚大な被害をもたらし、その

地域内にある園も大きな被害を受けました。そのなかで子どもの命を守った園は、そのときの経験から、次のような備えをしておくことが大切との教訓を得たそうです。

保育園の備え

- マニュアルがあることは職員間の共通理解を図るうえで効果的
- いざというときにマニュアルを確認することは困難であるため、職員はマニュアルを熟知しておくことが大切
- 周辺の地理を把握していることがスムーズな避難につながる
- 保護者に避難場所を知らせるための緊急連絡簿をつくる
- 避難場所が危険な状態になっていることもあるため、避難場所は1か所だけでなく、複数確保しておく
- 子どもの出席確認簿は、避難時に持ち出せるようにしておく

災害時に役立つ物品

- 保存食や飲料水、ミルク
- 毛布
- オムツ
- 衣類
- タオル
- カセットコンロ
- 持ち運びできる小型の発電機
- 当日の出席簿
- 保護者の緊急連絡簿

　大きな地震や津波といった非常事態では、規則正しく、あるいは決められた方法で避難することが困難です。これは、子どもたちや保育者が混乱していることだけが理由ではありません。地域全体が混乱に陥っているた

め、そのなかで訓練どおりに行動することは、逆に避難の遅れにつながることにもなりかねません。
 　だからといって、避難訓練が役に立たないのではありません。避難訓練で行った持ち出し品の確保や避難場所の確認が、結果として避難後の人数確認や安否確認などにつながります。大切なのは、日頃の生活や避難訓練のなかで具体的に災害を意識し、いざというときのために備えておくことです。

第4章

保護者とともに確保する子どもの安全

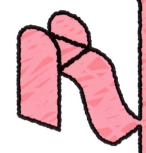

園で子どもの安全を確保し、子どもの命を守ることは、保育者に課せられた重要な使命です。そのためには、園の職員だけでなく、保護者の協力が欠かせません。そこで、保育者として、保護者の理解を得てどのように協働すればよいのかを考えます。

保護者の役割とは？

家族と保育園の連携

　保育者の役割は、子どもの安全の確保を最優先にしながら、遊びや活動を経験する場をつくり、子どもの成長発達を支えることです。

　これまで見てきたように、子どもがさまざまなことを経験することとその安全を確保することは、相反する関係にあります。安全ばかりを意識すると、遊びや活動が消極的になり、遊びや活動が子どもの能力を超えてしまうと、重大なリスクと向き合うことになります。保育者は、子どもの遊びや活動、生活のなかに潜むリスクを上手に調節しながら、日々の保育を営むことが求められます。

　遊びや活動に潜むリスクの調整にあたっては、保護者の存在を抜きに考えることはできません。園での保育の目標や方針を作っていくのは園ですが、保育者と保護者が協働して子どもにかかわることが大切です。

　このことは、園で事故予防や安全管理を行っていくうえでも同様です。

ボタンの掛け違いが起こるとき

　子どもが健やか、安全に成長してほしいという願いは、保護者も保育者も同じはずです。子どもに意図的にけがを経験させるような保育をする保育者はいなく、できるかぎり事故やけがにつながらないように最大限の配

慮をしているでしょう。

　しかし、子どものけがに関しては、ときとして保護者と保育者の間でボタンの掛け違いが起こる場合があります。根底にある思いや願いは同じなのに、なぜ掛け違いが生じるのでしょうか。

　一つは、保護者と保育者による活動や活動に伴うリスクの共有が十分に図られていないこと、もう一つは、実践されている保育と保護者の期待の相違があります。

日頃の様子を知ってもらう

　保育中に事故や子どもがけがをする事態が生じた場合、保育者は子どもの活動とリスク、結果としてのけがを、一連の出来事としてとらえることができます。しかし保護者は、結果としての「けが」しか見ることができません。子どものけがを知らされた保護者は驚き、戸惑うことでしょう。それが結果として、けがに対する保育者と保護者のボタンの掛け違いにつながっていると考えられます。場合によっては、大きな問題に発展することもあります。

　この掛け違いを解消するために、保育における活動の目的とリスクを保護者と共有しましょう。例えば、入園時や保育参観、保護者懇談会、日頃のかかわりの際に、保育や活動の目的や内容、様子をできる限り伝えることです。それと同時に、保育や活動に伴うリスクも伝えます。

　リスクを伝えるだけでは保護者の不安をあおることになるので、リスクを少しでもなくすために、また起きてはならない重大な事故を防ぐために、園としてどのような対策を行っているのかを伝え、理解してもらわなければなりません。そのうえで、園として起こすべきでないと考えている出来事や、子どもの発達のために必要だと考えているけがの程度や範囲についても共有したいところです。つまり、事故やけがに対する保護者の期待値を、園が醸成していくのです。

保護者の期待に応えるために

　保護者は、園や保育者にさまざまなことを期待しているでしょう。その期待には、保護者自身に対するもの、子どもに対するものがあります。保護者に対するものとしては、保護者自身の就労や子育てを支えることがあげられます。子どもに対しては、保育者が子どもの成長や発達を支えることになり、子どもが園の生活を安全に過ごすことも含まれるでしょう。

　このような保護者の期待に応えることの積み重ねが、園への信頼に至っているといえます。逆に、期待が裏切られたと保護者が感じたら、信頼を失うことになります。保護者の期待に適切に応えるため、期待を裏切られたと保護者に感じさせないためには、どのようにしたらよいのでしょうか。

　一つは、保護者の期待を察しながら、適切にその期待に応えることです。事故予防に限ったことではありませんが、子どもに対して保護者自身がどのような期待を抱いているかを察し、応えることです。すべての保護者が言葉で表現するわけではありませんので、表情や態度などから感じとることが求められます。そのうえで、保護者に対して個別にかかわることが大切です。

　二つ目に、適正な保護者の期待をつくる工夫です。リスクを共有するために、入園時や保護者懇談会、さらには日頃の保護者とのかかわりのなかで行われる説明や情報提供の延長として、園としてできることを保護者に理解してもらいながら、期待の醸成を図りたいものです。

園の取り組みを
家庭・地域に発信する

保護者の安心感と信頼関係

　園では子どもの安全を守るために数々の取り組みを実践していると思います。子どもの命が守られ続けているのは保育者の絶え間ない努力の成果であり、保育者個々の高い知識と専門性、責任感に支えられています。そこで、これらの取り組みを家庭や地域に発信していきたいところです。園での取り組みを家庭に発信することは、園にとって効果があることももちろん、それが家庭での事故の予防につながり、さらに日本全国で起きている子どもの事故を減らすことになれば、それは保育者にとって最大の幸せだといえるでしょう。

　取り組みを発信することでの園にとっての効果は、保護者の安心感を高め、信頼関係の強化につながります。園での出来事や、保育を行うための業務は、保護者には見えづらいものです。指導計画をつくっていること、日々の保育の準備は、必ずしも保護者に知ってもらう必要はないかもしれません。しかし、子どもの安全を確保したい、災害や事故から守りたいという保護者と保育者の共通の思いがあるなかで、子どもの安全を確保する専門職である保育者が、子どもに対する安全管理や事故予防についての取り組みを保護者に伝えることには大きな意味があります。

　たとえば、誤飲につながりそうな物を子どもの生活範囲に不用意に置かないこと、道路で子どもと手をつなぐこと、子どもが遊んでいるときの声

かけなど、保育者が日頃当たり前のように行っていることが、保護者にとっては新しい気づきになるかもしれません。それらは、家庭の子育てに有益な情報となることでしょう。加えて、「保育者はこんなことまでしてくれているんだ」「子どものこんなところまで気にかけてくれているんだ」と感じることが、保育への安心感や園への信頼感に結びついていきます。

こうした積み重ねによって築かれた信頼関係は強固なものであり、その信頼関係のもとで起こる日常的なけがに対しては、保護者も理解を示してくれるでしょう。

好循環をつくり出す

園の取り組みを保護者に発信するためには、保育者自身が子どもの安全管理やリスクマネジメントについて理解し、実行できていなければなりません。

家庭や地域に園の取り組みを発信していくことを保育活動の一つとし、そのために保育者が意識的に知識を得て技術を磨き、環境を整えるというよい循環をつくっていきたいものです。この循環が、保育者や園の質を上げることにつながります。

活動に対する安全が担保され、リスクマネジメントを確実に行うということは、必要以上にリスクを回避することで生じる保育の消極性が解消され、園が提供したい保育や子どもに経験させたい活動を積極的に行うことが可能になります。

保育者の願い

保育者は、子どもの命が守られ、健やかに成長していくことを願い、保育中に子どもがけがをしたときは、心から胸を痛めることでしょう。だからこそ、子どもが日々を安全に過ごすために、自己研鑽や保育環境の整備

などに余念がありません。

　また、家庭で起きたけがでも、保育者は子どもの痛さを感じ、保護者のつらさに共感していることでしょう。園からの帰宅中に起こった交通事故、保護者の留守中の火事、浴室での溺水、公園の遊具からの転落など、園外の事故がニュースで報じられることがありますが、それらの出来事を知ったときも、他人事とは思っていないはずです。保育者の願いは、すべての子どもの安全と健やかな成長です。

　ニュースで報じられる数々の事故は、保育者の力のおよばない範囲ですが、保育者としてできることはあります。それは、園が日々行っている子どもを守る知識や技術を、家庭や地域に発信することです。車の窓から手や頭を出さない、歩くときは手をつなぐ、お風呂などでため水を作らない、食べているときは歩かないなど、保育者として当然のように行っていることも、保護者が知らない、できていないことがたくさんあります。

　将来起きるかもしれない不幸な出来事を防ぐため、一人でも多くの子どもの命を守るためにも、これらを地道に家庭や地域に伝えていくことが、保育者の願いを実現することにつながります。

著者　**田中浩二**（たなか・こうじ）
至誠館大学現代社会学部教授、社会福祉法人きずな　のあ保育園園長

九州大学大学院医学系学府単位取得満期退学、博士（保健医療学）、のあ保育園副園長。専門は社会福祉学、医療統計学、乳幼児の発達や保育のあり方の研究及び乳幼児の事故予防。著書に「すぐに役立つ！ 保育の計画・記録・評価（共著／フレーベル館）」「事例でわかる！ 保育所保育指針・幼稚園教育指導要領（共著／第一法規出版）」「保育現場のＩＣＴ活用ガイド（中央法規出版）」がある。

撮影　　　竹中博信（Studio egg）
撮影協力　のあ保育園、やよい保育園、愛児園 湯田保育所（以上、山口県）、
　　　　　川島快友

保育わかば BOOKS

写真で学ぶ！
保育現場のリスクマネジメント

2017年8月10日　初　版　発　行
2025年1月10日　初版第4刷発行

監　修　　社会福祉法人 日本保育協会
著　者　　田中浩二
発行者　　荘村明彦
発行所　　中央法規出版株式会社
　　　　　〒110-0016　東京都台東区台東 3-29-1　中央法規ビル
　　　　　Tel 03(6387)3196
　　　　　https://www.chuohoki.co.jp/

編集　　　　　　　株式会社こんぺいとぷらねっと
印刷・製本　　　　株式会社ルナテック
装幀・本文デザイン　SPAIS（山口真里　大木真奈美　熊谷昭典）
イラスト　　　　　さかじりかずみ

定価はカバーに表示してあります。
ISBN978-4-8058-5554-6

本書のコピー、スキャン、デジタル化等の無断複製は、著作権上での例外を除き禁じられています。また、本書を代行業者等の第三者に依頼してコピー、スキャン、デジタル化することは、たとえ個人や家庭内での利用であっても著作権法違反です。

落丁本・乱丁本はお取り替えいたします。

本書の内容に関するご質問については、下記URLから「お問い合わせフォーム」にご入力いただきますようお願いいたします。
https://www.chuohoki.co.jp/contact/